한국지방행정연구원총서

재정분권과
지방소비·소득세

이영희 김대영

博 英 社

머 리 말

2010년에 지방소비세와 지방소득세가 도입된다. 지방소비세와 지방소득세는 지방세수기반을 확충하고, 지역경제와 지방세수의 연계를 강화시켜 지역경제활성화가 지방세수 증대로 이어지는 제도적 장치로 작용한다.

본 연구에서는 지방소비세와 지방소득세 도입의 추진배경과 논의를 정리하였으며, 관련 이론을 기존 논문의 정리와 더불어 최근에 제시된 재정분권 관련 논의를 중심으로 전개하였다. 또한 지방소비세의 소비지표 개선, 지방소득세의 세율구조 개편을 중심으로 다양한 방안을 검토하고 제시하였다. 그리고 제시된 방안을 중심으로 지방재정 파급효과를 분석하였다.

재정분권을 위해서는 재원조달책임과 지출책임간의 괴리를 축소하고 과세자주권을 제고할 필요가 있다. 따라서 본 연구에서는 지방세입에서 차지하는 이전재원의 비중을 줄이고 지방세수의 비중을 높이는 방안을 제시하는 데 역점을 두었다. 즉 재산과세 위주로 구성되어 있는 지방세입구조가 세수신장성이 좋은 소비 및 소득과세 위주로 설계되도록 최근 이론을 바탕으로 논리를 전개하였다. 본 연구는 특히, 1단계로 2012년까지의 세수변화가 예상되는 지방소비세에 대한 세수 및 재정효과분석과 2단계인 2013

년 이후의 지방소비세와 지방소득세에 대한 향후 방향을 포함한 개편 방안을 제시하고 있다.

지방소비세와 지방소득세는 2009. 9. 16. 도입의 확정까지 오랜 기간 동안 정부와 학계를 중심으로 심도 있는 논의가 있었는데, 그러한 추진배경을 살펴보는 것도 의미가 있다고 보아 대통령자문 위원회를 중심으로 정리하였다. 특히 분권의 중요성을 부각시킨 참여정부와 지방소비세와 지방소득세를 도입 확정한 MB 정부로 구분하여 정리하였다. 지방소비세와 지방소득세에 대한 이론적 논의는 기존 연구와의 차별화를 위해 기존 논문의 정리와 더불어 최근에 제시된 재정분권 관련 논의를 중심으로 전개하였다.

본 연구에서는 정부안을 바탕으로 분권촉진을 위한 지방세수기반 확충과 과세자주권 제고라는 목표에 맞게 지방소비세와 지방소득세가 지향해야 하는 기본 방향과 방안을 제시하였다. 첫째, 지방소비세는 국세인 부가가치세와 세원을 공유하므로 지방세수기반 확충에 충실하도록 제도를 운용한다. 둘째, 지방소득세는 지방자치단체의 과세자주권을 제고할 수 있는 기간 세목으로 역할을 할 수 있도록 개편방안을 모색한다.

지방소비세는 어느 방안을 채택하든지 지방세수를 증대시킬 뿐만 아니라, 지방세수, 지방세입, 지방재원의 불균형도 완화시키는 것으로 나타났다. 그리고 지방소득세는 지방세수를 증대시키지는 않지만, 지방세수 불균형을 완화하는 것으로 나타났다. 또한 지방소비세와 지방소득세의 개편이 동시에 진행될 경우에 지방소비세만 도입한 경우보다 상대적으로 비수도권의 세수 증대 폭이 더 큰 것으로 나타났다.

아무쪼록 본 연구가 지방세를 연구하는 학계의 연구자 및 자치단체에서 지방세정에 종사하는 세무공무원의 연구 및 업무수행에 조그마한 보탬이 되기를 바란다.

본 연구는 많은 분들의 도움으로 출간의 빛을 보게 되었다. 졸저의 출간을 기꺼이 허락해주신 한국지방행정연구원의 유정석 원장님과 격려를 아끼지 않으신 김병국 정책실장님, 이상용 기획관리실장님 그리고 동료 직원에게 이 자리를 빌어 진심으로 감사의 말씀을 올린다. 아울러 발간에 여러 가지 도움을 주신 박영사 안종만 회장님 이하 관계자들에게도 심심한 감사의 말씀을 올린다.

2009년 12월

이영희 · 김대영

목 차

제 1 장 서 론

제 2 장 분권 필요성에 대한 논의

제 3 장　지방재정 현황

제 4 장　OECD 국가의 재정분권 및 쟁점

제 5 장 지방소비 · 소득세 개편 방안

제6장 지방재정 파급효과 분석

제7장 요약 및 정책건의

표 목 차

그림목차

제 1 장

서　　론

제 1 절　연구목적

지방분권을 촉진하기 위해서는 자치단체의 재원조달책임과 지출책임간의 괴리를 축소하고, 과세자주권을 제고할 필요가 있다. 자치단체의 재원조달책임과 지출책임간의 괴리가 크면, 지방자치단체 재원조달 책임의 상당부분을 중앙정부가 지게 되어 재원조달에 대한 책임이 크지 않은 지방자치단체는 재정책임성이 약화되어 재정을 방만하게 운영할 우려가 있다. 또한 지역주민들은 공공서비스 공급비용의 일부만을 부담하므로 재정적 책임을 크게 느끼지 않으며, 재정수요도 증가하게 된다.

재원조달책임과 지출책임간의 괴리를 축소하기 위해서는 지방세입에서 차지하는 이전재원의 비중을 낮추고 자체재원인 지방세수 비중을 높이는 지방세입구조의 개편이 필요하다. 지방세입에서 차지하는 지방세수 비중이 낮고 재산과세위주로 되어 있는 현행 지방세입구조 하에서는 지방자치단체 스스로 지방세수를 확충하는 데 한계가 있다. 지방세수 비중을 높이기 위해서는 국세인 소비과세 및 소득과세의 일부 이전을 통한 지방소비세와 지방소득세의 확충이 필요하다. 그러한 의미에서 도입이 확정된 지방소비세와 지방소득세의 의의가 크다. 지방소비과세와 지방소득과세의 확충은 재산과세 위주의 지방세수 구조를 개선하여 지방세수의 안정성 및 성장성을 제고시킨다. 또한 지역경제 성장에 따른 자치단체 내의 소비, 소득증가를 지방세수로 연결시킬 수 있기 때문에 지방세로서 의미가 있다.

자치단체의 과세자주권을 제고하기 위해서는 자치단체의 과세자주권을 보장할 수 있는 기간세목의 마련이 필요하다. 현행 지방세제에서는 자치단체의 세목결정권이 부여되어 있지 않으나 과표결정권과 세율결정권은 제한적으로 허용되고 있다. 그러나 과표결정권은 세율결정권에 비해 자율성이 약하다. 또한 세율결정권도 탄력세율이 일부 세목에 허용되고 있으나 잘 활용되지 않고 있다. 따라서 지방분권 촉진을 위해서는 자치단체의 세율결정권을 보장할 수 있으며, 세수확보에도 용이한 기간세목을 마련할 필요가 있다. 그런데 지방소득세는 2013년부터 과표 및 세율구조의 변경을 통해 지방에 과세자주권을 제고할 수 있도록 개편할 예정이다. 따라서 지방소득세가 지방자치단체의 과세자주권을 제고할 수 있는 기간세목으로 역할을 할 수 있도록 개편방안을 모색할 필요가 있다.

지방소비세와 지방소득세는 그 동안 참여정부부터 이명박 정부에 이르기까지 국정과제의 지방재정 확충방안 중 하나로 논의되어 왔으나 중앙부처인 행정안전부와 기획재정부 간에 이견이 매우 커서 도입이 늦어졌다. 그러나 2009년 9월 16일 대통령 주재로 열린 제2차 지역발전위원회 회의에서 「지방재정지원제도 개편방안」의 일환인 지방소비세와 지방소득세의 도입이 최종적으로 확정되었다. 국회에서 이와 관련된 법이 통과되면 2010년도부터 실시하게 된다. 비록 이번에 도입되는 지방소비세와 지방소득세가 그 동안 논의되어 왔던 세입규모나 취지에 다소 미흡하기는 하지만 지방소비세와 지방소득세의 초석이 될 수 있다는 차원에서 매우 의미 있는 정책결정이라고 본다.

지방소비세와 지방소득세의 도입이 지방세제에 미치는 영향은 크다. 따라서 이제부터는 지방소비세와 지방소득세가 도입의 기본 취지에서 크게 벗어나지 않도록 설계할 필요가 있다. 기본취지는 크게 두 가지로 정리할 수 있다. 첫째, 지방세입에서 차지하는 지방세수의 확충, 둘째, 자치단체의 재정자율성과 재정책임성 확보를 위한 과세자주권 제고이다.

지방소비세는 국세인 부가가치세 세원의 일부를 이양받아서 신설되었으므로 지방세수기반확충에 기여를 하였다고 할 수 있다. 다만, 지방소비세에 자치단체간 세수불균형 완화 등 재정조정기능을 부여하게 되어 과세자주권을 제고할 수 있는 여지는 거의 없다. 따라서 지방소비세는 자주재원인 지방세로서의 역할이 강화될 수 있도록 재정조정기능을 완화하는 방안을 모색할 필요가 있다. 그리고 지방소득세는 자치단체의 기간 세목으로서 과세자주권을 제고할 수 있도록 자치단체가 과표와 세율에 대해 자율적으로 결정할 수 있어야 한다. 이를 위해서 지방소득세는 지방세의 본질에 충실하도록 중앙정부의 조세정책으로부터 영향을 차단할 수 있도록 과세표준과 세율체계를 개편하는 방안을 모색하여야 한다.

본 연구는 연구를 진행하는 과정 중에 지방소비세와 지방소득세의 도입이 확정되었으므로 이들의 변화를 포함하여 개편 방향을 제시하고자 한다. 앞에서도 언급하였지만 본 연구의 목적은 분권촉진을 위하여 자치단체의 재원조달책임과 지출책임간의 괴리를 축소하고 과세자주권을 제고시킬 수 있는 방안을 마련하는 데 있다. 이를 위해서는 지방세입에서 차지하는 지방세수의 비중을 높이는 지방세입구조를 개편해야 하는데, 지방소비세와 지방소득세는 이러한 목적 달성을 위한 가장 적절한 세원이다. 따라서 본 연구는 최근 이론을 바탕으로 지방소비세 및 지방소득세의 도입 필요성과 도입에 따른 지방재정 파급효과 분석 등에 역점을 두고자 한다. 첫째, 본 연구는 지방소비세에 대해서는 2013년에 예정된 지방소비세수 규모 증가에 대하여 세수배분을 중심으로 개선방안을 제시한다. 둘째, 지방소득세에 대해서는 소득세할을 중심으로 과세표준을 변경하고 세율구조를 비례세율로 변경하는 개편방안을 제시한다. 셋째, 제시된 방안들을 중심으로 지방재정 파급 효과를 분석한다. 우선 지방소비세 도입에 따른 지방재정 파급효과를 분석하고 다음으로 지방소득세 개편의 지방재정 파급효과와 지방소비세 도입과 지방소득세 개편을 동시에 시행하였을 때의 지방재정 파급효과를 분석한다.

제 2 절 연구방법 및 범위

1. 연구방법

본 연구는 재정분권이론, 지방소비과세 이론, 지방소득과세 이론, 외국사례 분석 및 지방소비세와 지방소득세 도입의 파급효과 분석 등을 중심으로 진행된다. 특히, 그 동안 지방세수확충을 위한 지방소비세, 지방소득세 도입과 관련하여 정부의 추진과정을 정리하고자 한다. 뿐만 아니라 지금까지 논의된 기존 선행연구를 정리하고 최근 연구 동향을 분석하며, 특히 재정분권관련 최근 이론을 중심으로 논의 전개에 역점을 두어 기존 연구와의 차별성 확보하고자 기본적으로 다음의 세 가지 사항에 역점을 두고자 한다. 첫째, 참여정부와 이명박 정부를 거쳐 지방소비・소득세도입 관련 정부의 추진과정 및 쟁점 정리, 둘째, 분권 촉진 논의를 통한 지방소비・소득세의 개편 방향 정립 및 방안 제시, 셋째, 개편안에 대한 지방재정 파급효과 분석 등이다.

최근 선진국을 중심으로 중앙과 지방간 역할의 변화에 따라 세원배분에 대한 이론도 변화되어 예전에는 주로 중앙정부의 세원이었던 소비세원과 소득세원에 대하여 지방의 접근을 허용하여야 한다는 주장이 대두되고 있다. 지방소비세와 지방소득세 도입은 지방세뿐만 아니라 지방재정조정제도 전반에도 영향을 미치므로 지방세수의 변화뿐만 아니라, 지방세입의 변화도 분석할 필요가 있다.

현재 도입이 확정된 지방소득세는 2012년까지는 주민세 소득할의 명칭만 변경되므로 지방세수구조나 세입구조에 영향을 미치지 않는다. 반면에 지방소비세는 국세인 부가가치세의 5%를 이양받아 소비지표(민간최종소비지출)를 기준으로 자치단체별로 세수를 배분하게 되어 지방세수구조에 영향을 미친다. 이러한 과정에서 전체적인 지방세입구조는 변화하고, 현행 지방재정제도하에서는 개별 자치단체(기초포함)의 세입구조 및 세입규모에 변화가 초래된다.

본 연구에서는 도입 확정된 지방소비세와 지방소득세를 기초로 도입으로 인한 지방재정 파급효과를 분석하고 향후 개편방안을 제시하고자 한다. 지방세수구조 변화효과, 지방세수 증감효과, 지방세수 형평화효과 및 지방세입구조 변화효과, 지방세입 증감효과, 지방세입 형평화효과뿐만 아니라 지역상생발전기금까지 고려한 실질적 재원변화까지도 분석한다. 분석 대상에는 광역자치단체뿐만 아니라 기초자치단체도 분석대상에 포함된다.

2. 연구범위

가. 대상적 범위

연구의 대상적 범위는 자체재원인 지방세를 포함한 지방세입 전반을 다루고자 한다. 특히 중앙·지방간 조정재원인 지방교부세와 국고보조금을 포함하고자 하며, 광역·기초간 조정재원인 조정교부금과 재정보전금도 연구의 대상이다. 뿐만 아니라 본 연구의 효과분석을 위해서 지방세 도입 대상인 지방소비세와 지방소득세와 관련된 국세인 소득세, 법인세, 부가가치세 등을 연구대상에 포함하고 있다.

나. 내용적 범위

연구의 내용적 범위는 지방분권 및 재정분권, 세원배분 등 이론적 배경에 대한 논의를 하면서 지방소비 및 소득과세의 도입 논리를 도출하고자 한다. 더불어 지방재정의 현황과 문제점, 그리고 지방소비・소득과세 관련 외국 사례를 통한 시사점을 도출하고자 한다. 마지막으로 지방소비・소득과세 확충의 지방재정 파급효과에 대한 분석을 시도하고자 한다.

제 2 장

분권 필요성에 대한 논의

제 1 절 분권의 추진현황 및 쟁점

1. 참여정부(2003-2007)

참여정부는 초기에 분권과 자율을 국가운영의 기본방침으로 설정하고, 이러한 국정원리를 구현하기 위해 2003년 4월 7일 대통령 직속으로 정부혁신지방분권위원회를 구성하고 행정개혁, 인사행정시스템 쇄신, 지방분권, 재정개혁, 전자정부 등의 주요 혁신과제를 담당하도록 하였다.

지방분권의 촉진과 관련해서는 지방분권위원회와 재정세제위원회에서 주로 담당하였다. 두 위원회의 핵심 쟁점은 지방이양재원의 규모와 관련된 부분이었다. 이에 대해서는 행정자치부와 재정경제부, 기획예산처 등 부처간의 입장도 달랐지만 정부혁신

지방분권위원회 내부에서도 지방분권전문위원회와 재정세제전문위원회간에도 입장차이가 뚜렷하게 나뉘었다.

정부혁신지방분권위원회는 '성장 · 분배의 상승효과를 창출하는 분권형 국가재정'이라는 비전을 설정하고 이를 달성할 구체적 계획인 재정 · 세제개혁 로드맵을 발표했다. 이와 같은 비전 달성을 위해 '재정분권 추진' '세제 · 세정 합리화' '재정투명성 제고' '지출효율성 제고' '재정건전성 견지'라는 5대 전략목표를 설정하고 15개 과제 및 38개 세부과제를 제시했다.

이 중 핵심목표인 '재정분권 추진'은 3개 과제로 구성되어 있다.

첫째 과제는 '중앙과 지방의 기능조정과 재원이양'으로 국가사무의 정의를 명확히 규정하였다. 한편, 교육 · 경찰 · 복지 및 SOC 시설관리 등 주민밀착형 사무는 지방으로 이양하며 이와 같은 기능 이양에 따라 필요한 재원을 지방에 이양한다는 것을 주요내용으로 하고 있다. 이 경우 재원이양 방식은 확정하지 못하고 교부금 또는 조세이전 방식(지방소비세 등)으로 한다고만 제시하였다.

두 번째 과제는 '자주 재원 확대 및 균형발전 촉진'으로 그 주요내용은 국세 · 지방세간 조정 및 지방세 체계 개편, 지방세 세수기반 확충, 국가균형발전특별회계의 신설 · 운영 등이 포함되어 있었다.

세 번째 과제는 '지방재정 운영의 자주성 확보'로 다음과 같은 세 가지 내용을 담고 있었다. 첫째, 교부세 배분방식의 단순 · 투명화, 특별교부금 축소, 증액교부금 폐지, 국고보조금 정비, 자주재원화, 양여금의 교부금화 등 이전재원 지원방식의 획기적인 개선, 둘째, 지방의 예산·지방채 발행·정원·조직·조달 업무 등의 자율성 대폭 확대, 마지막으로 지방재정운영의 자주성 확대에 따른 책임성 강화 방안으로 의회·주민통제 및 지방재정평가 강화가 제시되었다.

2002년부터 2년 동안 재정세제와 관련된 많은 제도들이 검토되었는데, 지방세체계와 관련해서는 주로 지방소비세 또는 지방소득세의 도입이 주요한 쟁점이었다. 특히 지방소비세의 도입이 핵심 안건이었으며, 2005년 말에 재정경제부와 행정자치부는 지방소비세의 도입에 일차적인 합의를 하였다. 이에 대하여 2006년 초에 청와대 보고계획을 세웠으나 보고 자체가 무산되어 실시되지 못하고 참여정부가 끝났다.

2. 이명박 정부(2008-2009)

이명박 정부도 인수위원회 시절부터 지방분권과 지역발전에 관심을 보였으며, 이를 위한 방안을 모색하였다. 지방분권에 대한 논의의 핵심은 지방소비세와 지방소득세의 도입이었다.

지방소비·소득세의 도입은 2008년 10월 30일에 발표된 수도권 규제 합리화 방안의 발표와 더불어 탄력을 받게 되었다. 지역발전정책의 일환으로 발표된 수도권 규제합리화 방안은 비수도권 지역의 큰 저항을 야기함에 따라 비수도권 지원 등을 위해 지방소비·소득세 도입을 검토하겠다는 의견을 동시에 발표하였다.

이후 정부와 여당이 지역경제활성화대책(2008. 12. 15)을 발표하면서 2010년 시행을 목표로 지방소비·소득세 도입 추진을 명시하였다. 그리고 이어서 2008년 11월 25일 한나라당은 지방소비·소득세 도입을 위한 의원입법안을 발의하였다. 그 당시의 법안에는 부가가치세의 20%를 이양하여 시·도세로서 지방소비세를 신설하는 내용이었다. 지방소득세법 개정안은 국세 부가세 형태인 현행 소득할 주민세를 독립세로 전환하여 지방소득세를 신설하는 방안으로 특별·광역시세 및 시·군세로 설정하는 것이었다.

그러나 지방소비·소득세와 관련하여 행정안전위원회와 기획재정위원회에 제출된 법안은 부처간의 이해대립이 심하였다. 따라서 절충안 마련이 힘들어지자 관계부처 차관급 회의(2009. 2. 5)에서 이에 대한 논의는 지역발전위원회 주관으로 주요 쟁점사항을 종합적으로 검토하여 지방재정제도 개편시안을 마련키로 결정하였다. 쟁점사항이란 ① 지방소비·소득세 도입, ② 수도권 규제 합리화에 따른 비수도권 지원, ③ 목적세 정비에 따른 교부율 조정, ④ 분권교부세 개편, ⑤ 부동산교부세 감소분 지원 등이다.

이후 지역발전위원회에 민간전문가 특별위원회(2009. 2~4)를 한시적으로 구성하여 논의하였다. 위원회에서 논의한 결과는 정부에 제출되었는데 주요 결과는 지방소비·소득세 도입이 필요하다는 의견이 다수였으며 일부 반대의견이 제시되어 절충하도록 하자는 내용이었다.

3. 지방소비세와 지방소득세 도입

2009년 9월 16일 대통령 주재로 열린 제2차 지역발전위원회 회의에서 「지방재정지원제도 개편방안」의 일환인 지방소비세와 지방소득세의 도입이 최종적으로 확정되었다. 정기국회에서 이와 관련된 법이 통과되어 2010년도부터 실시하게 된다. 정부가 발표한 지방소비세 도입(안)은 다음과 같다.

첫째, 지방소비세는 국세인 부가가치세의 세원을 공유하는 방식으로 도입하되 규모는 부가가치세수의 5%로 결정한다. 다만, 2013년부터 지방소비세 규모를 현행 부가가치세의 5%에서 10%로 확대한다.

둘째, 지방소비세수는 시도별 민간최종소비지출에 가중치를 곱하여 산정한 소비지표에 의해 시도별로 배분한다. 가중치를 두는 이유는 비수도권 자치단체에 상대적으로 많은 세수가 배분되게 하여 시도별 세수 격차를 완화하기 위함이다. 소비지표에 적용되는 가중치는 수도권(서울·인천·경기) 100%, 비수도권 광역시 200%, 비수도권 도 300%로 결정하였다.

셋째, 지방소비세 도입에 따라 지방교부세율은 현행 19.24%에서 18.97%로 0.27%p. 인하한다. 지방소비세 도입으로 국세인 부가가치세수가 감소하며, 지방교육재정교부금도 감소한다. 따라서 지방교육재정교부금의 감소를 보전하기 위해서 교부율을 현행 20%에서 20.27%로 0.27%p. 인상한다. 이러한 지방교육재정교부금 보전을 위한 교부율 인상은 지방교부세율을 인하함으로써 상쇄시켜 중앙정부의 추가적인 재원손실이 발생하지 않도록 하였다.

넷째, 지방소비세를 광역·기초간 재정조정제도인 재정보전금의 재원에 포함시켜 지방소비세 도입으로 인한 시군의 지방교부세 감소를 보전하도록 한다. 지방소비세는 시도세이므로 기초자치단체에는 세수의 증가가 발생하지 않는다. 그러나 지방교부세의 규모 축소와 지방교부세율 인하로 기초자치단체인 시군의 지방교부세가 감소한다. 따라서 시군의 지방교부세 감소를 보전하기 위하여 지방소비세를 재정보전금의 재원에 포함시켜, 시도의 지방소비세수의 27%분을 시군에 재정보전금으로 교부되도록 한다.

다섯째, 지방소비세 도입으로 인한 수도권과 비수도권간의 재원 불균형을 완화하기 위하여 2010년부터 10년간 수도권의 지방소비세수 중 일정부분을 출연하여 매년 3,000억원씩 지역상생발전기금을 조성하여 비수도권 시도를 지원하도록 한다. 지역발전상생기금은 비수도권 자치단체의 SOC 사업 등에 대해 포괄보조금 형태로 재정지원하거나 비수도권 자치단체가 지역현안 사업(기업유치 및 투자촉진, 지역 SOC 조성 등)을 위하여 대규모의 자금이 필요한 경우 장기저리로 자금을 융자하는 데 사용될 예정이다.

그리고 지방소득세 도입 안은 다음과 같다. 지방소득세는 2010년에 현행 주민세 소득할과 사업소세 종업원할을 통합하여 도입하되, 3년간은 현행의 과세표준과 세율을 그대로 유지하는 방안이다. 이 방안은 지방소득세라는 세목이 신설되었어도 사실상 지방세수의 변화나 납세자의 조세부담의 변화도 발생하지 않고 또한 자치단체의 과세자주권을 제고시킬 수 있는 여지도 발생하지 않는 방안이다. 그러나 2013년부터는 자치단체의 과세자주권을 확충하고 국세로부터의 영향을 차단하기 위하여 현행 국세인 법인세와 소득세의 부가세 형태로 운영되고 있는 주민세 법인세할, 소득세할을 독립세 형태로 전환하는 방안을 추진할 예정이다.

제 2 절 분권의 필요성

1. 분권관련 연구

분권은 정치분권, 행정분권, 재정분권으로 구분되는데 진정한 행정분권을 이룩하기 위해서는 재정분권이 전제되어야 한다. 재정분권이라 함은 지방정부가 중앙정부로부터 얼마나 독립적으로 재정운영에 관한 의사결정을 하는지를 가늠하는 수준을 의미하는 개념이다. 독립적인 재정운영은 세출분권을 필요로 하지만 세출분권은 세입분권이 전제되어야 진정한 재정에 대한 자율성과 책임성이 제고된다.

재정분권에 관한 국내연구가 활발하게 논의된 것은 그다지 오래되지 않았으며, 주로 중앙과 지방간 재정관계에 대한 제도적 측면의 접근을 통해서 논의되고 있다. 우리나라에서 재정분권에 대한 논의는 2003년 참여정부에서 구성한 정부혁신지방분권위원회(재정세제위원회)를 통해서 활발해지기 시작했다고 볼 수 있다. 그 이전에는 1995년 민선지방자치와 더불어 자치단체의 자율성 확대를 위한 지방분권 노력은 강조되었으나 재정과 관련한 분권에 대한 논의는 활발하지 않았다.

재정분권에 대한 국내연구는 주로 중앙과 지방간 세원/재원 배분 연구를 통해 논의되는 경향이 강하다. 이에 대한 연구는 다수가 있는데 최근에 다루어진 연구로는 이영희·김대영(2006), 이재은(2007, 2008), 곽채기 외(2008), 최병호 외(2008), 주만수·최병호(2009) 등이다. 이 연구들의 공통적인 주요핵심은 신장성이 좋은 대부분의 세원이 국세로 배분되어 있어 지방세원은 매우 미흡할 수밖에 없기 때문에 향후 분권을 위해서는 지방세원으로 소비와 소득세원의 확보가 필요함을 제기하고 있다. 특히 주만수·최병호(2009)는 지방소비세가 본질적으로 갖고 있는 세율결정권의 한계, 세수의 수도권 집중 등의 문제를 극복하기 위한 방안으로 적절한 소비지표의 사용, 분권교부세 재원의 활용 등을 제안하고 있다.

그 이외에 참여정부의 재정분권 정책에 대한 평가 차원에서 진행된 연구는 이상용·하능식(2007), 김정훈·김현아(2008), 우명동(2008) 등이 있다. 이상용·하능식(2007)은 참여정부의 재정분권은 외형적으로는 제도적 개편이 이루어지기는 하였으나 실질적인 효과는 미흡했다는 평가를 하였다. 김정훈·김현아(2008)는 재정분권 수준을 요인분석을 통해 평가하였다. 일반적으로 세입분권과 세출분권을 평가할 때 OECD의 지방세입비중(지방세입/총세입)과 지방세출비중(지방세출/총세출) 자료를 이용하는데, 그 경우 우리나라의 세출분권 수준은 높으나 세입분권 수준은 낮은 것으로 도출된다. 그러나 김정훈·김현아(2008)의 경제상황과 특징을 고려하여 분석한 결과는 세입분권과 세출분권이 모두 높은 것으로 나타났다. 이 결과는 이영・현진권(2006)이 1992년부터 2000년까지 추정한 세입분권 수준과 유사하게 도출되었다. 그러나 재정분권 수준에 대한 평가는 개념 및 조작적 정의와 분석한 자료 및 변수 등에 따라 결과가 다르게 나타날 수 있다.

우리나라 재정분권에 대한 연구는 주로 제도적 측면 또는 재정현황 및 통계분석에 기초하여 수행되고 있다. 그 이유는 재정분권에 대한 개념 정의가 국가의 정부구조 및 재정제도에 따라 양상이 다를 뿐만 아니라 실증적 연구를 위한 자료의 한계가 있기 때문이다. 그러나 권오성(2007)은 자료의 한계에도 불구하고 실증적 자료분석을 통해 분권의 요인 파악 및 수준을 평가하고자 노력하였다. 그의 연구는 재정분권화가 5가지 변수(정부 효과성, 정부규모, 경제성장, 부패, 지역간 불균형)에 미치는 영향을 국제적 자료를 통해 비교・분석하였는데, 기존의 이론과는 차이가 있는 결과였다.

국외연구는 재정분권과 관련하여 지난 30년 동안 끊임없이 논의되어 오고 있다. 특히 재정분권에 대한 이론적 연구는 Tiebout(1956) 모형을 시작으로 Oates(1972), Musgrave(1983) 등에 의하여 발전되어 왔다. Tiebout(1956)는 "자기 발에 의한 투표(voting with ones' own feet)"를 통해 소비자가 선호하는 지방공공재를 선택하게 되고, 지방공공재의 편익에 대한 비용은 지역주민 스스로 부담하는 것을 전제함으로써 재정분권의 효율성이 달성될 수 있음을 제기하였다.

Oates(1972)는 Tiebout의 메커니즘을 발전시켰다고 볼 수 있으며, 그는 분권화 정리(decentralization theorem)를 통해서 지방공공재를 공급할 때 외부성이 없다면 지방정부가 주민의 선호와 지역환경을 고려하여 서비스의 종류와 공급 수준을 결정하는 것이 중앙정부에서 공급하는 것보다 사회적 후생이 증진된다고 주장하였다. Musgrave(1983)는 재정분권을 위한 지방정부의 세출과 세입의 일치와 지방공공재 공급 비용의 최소화를 위한 효율성 제고 차원에서 중앙과 지방정부간 세원배분기준을 제시하고 있다.

최근 Bird(1999, 2008), Bird & Bahl(2008), Bahl & Martizez-Vazquez(2006), King(1984, 2006), Mclure(2000), Oates(2008) 등은 세계적으로 경제 및 산업 환경의 변화에 따른 지방정부의 역할 변화, 그리고 분권화에 따른 지방정부의 재정책임성 제고 등 새로운 세원배분기준의 필요성을 제기한다. 이와 관련해서는 제3항에서 보다 상세히 다루도록 한다.

2. 분권과 경제성장

재정분권에 대한 논의는 지난 30년 동안 끊임없이 논의되어 왔다. 특히, 재정분권이 국가의 자원을 효율적으로 배분하는 데 긍정적인지 또는 부정적인지에 대한 논의가 활발하였다. 전통적으로 post-Bretton Woods 시대의 접근방법은 주로 중앙정부 주도의 개발에 역점을 두었으나, 최근에는 지방정부가 주도적으로 담당해야 하는 역할이 커지고 있기 때문에 기존의 틀을 획기적으로 전환할 필요가 있음을 언급하고 있다. 따라서 지금은 세계 여러나라에서 개발 목표의 성취를 위한 중요성에 대한 제고와 더불어 재정분권 개혁을 위한 노력을 경주하고 있다(Ebel and Yilmaz 2003). 이와 관련하여 학자들은 재정분권에 대한 평가를 위해 이를 경제 안정, 경제 성장 혹은 공공부분 규모 등과 연계하여 측정하고자 노력하고 있다. 그러나 재정분권에 대한 성과 측정은 생각보다 매우 어려운 작업으로 평가되고 있다.

이처럼 재정분권에 대한 지속적인 관심은 다음의 세 가지 이유에서 찾을 수 있다. 첫째, 경제성장이 공공부문의 효율적 자원배분을 통한 재정분권의 궁극적인 목표로 비춰졌으며, 둘째, 재정분권은 결과적으로 한 지역의 소득증대로 이어졌으며, 셋째, 재정분권을 통한 경제성장은 다른 어느 경제 성과지표보다 측정이 가능하였을 뿐만 아니라 해석이 용이했다.

재정분권에 대한 이론적 연구는 Tiebout(1956), Musgrave (1959), 그리고 Oates(1972) 등에 의하여 수행되어 왔다. 재정분권과 경제성장 등의 관계에 대한 이론적 분석은 1970년대 말부터 연구가 시작되었으며, 재정분권이 경제성장에 미치는 경험적 효과 분석은 1990년대 말부터 시작되었다고 볼 수 있다. 이들 이론적 또는 경험적 연구에 대한 결과는 애매모호할 뿐만 아니라 학자에 따라 서로 다른 결과가 도출되었다. Breuss and Eller(2004)에 의하면 아직 경험적 연구들은 접근방법 또는 분석방법 등에 차이가 있을 뿐만 아니라, 특히 재정분권의 경제성장에 대한 모형이 아직 개발단계에 있기 때문에 결과물에 대한 타당성 검증은 미진한 단계라고 한다.

그럼에도 불구하고 재정분권이 경제성장에 미치는 결과에 대한 연구는 매우 활발하게 진행되고 있다. 재정분권은 사회적 후생을 증진시키는 효율성차원의 접근뿐만 아니라 지방정부가 지역의 경제활동에 필요한 인프라, 공공서비스, 인적 자원 등을 공급하는

데 중앙정부보다 유리하기 때문에 경제성장을 효과적으로 촉진할 수 있는 측면이 강조되고 있다(Oates(1995), Martizez-Vazquez(1997), Theissen(2008)). Oates(1995)에 의하면 재정분권이 자원배분의 효율화를 통한 경제성장과 유의미한 관계가 있는 것을 발견 했지만, 변수의 적용에 따라 다른 결과가 도출될 수도 있음을 조심스럽게 언급하고 있다. Lin and Liu(2000)의 경우에도 중국의 전체적인 경제성장은 투자보다는 자원의 효율적 배분에 의한 재정분권과 긍정적인 관계가 있음을 도출하였다. Yilmaz(1999)는 단일형 국가의 경우에는 재정분권이 경제성장에 매우 지대한 영향을 미치는 반면 연방형 국가의 경우에는 단정적이지 않다고 주장한다.

반면에 Bahl(1999), Bird(2001), De Mello(2000), Davoodi and Zou(1998) 등은 재정분권이 국가 재원의 효율적 배분을 통해 경제성장에 미치는 효과는 크지 않으며 경우에 따라서는 부정적일 수 있음을 제시하였다. 그러나 Ebel and Yilmaz(2003) 등은 이들이 분석에 적용한 OECD 자료는 지방세 분류 등 자료 자체의 부정확성과 변수의 선정에 의한 오류 등으로 인하여 잘못된 결과를 도출하였음을 지적하였다. Ebel and Yilmaz(2003)의 논문은 기존 학자들의 분석에 의한 결과와 그들의 수정된 자료를 토대로 분석한 결과를 비교하였는데, 그 결과는 매우 상반되었으며 재정분권이 자원의 효율적 배분을 통해 국가 경제의 안정화 및 성장에 매우 많은 영향을 미치는 것으로 분석되었다.

3. 재원조달책임과 지출책임

가. 전통적 접근

정부간 세원배분에 대한 논의는 전통적으로 재정연방주의에 기초한 세원배분방식을 중심으로 전개되어 왔으나 1990년대 이후 재정분권이 세계적인 추세로 전개되면서 재정이론에서 전통적으로 논의되었던 세원배분론이 재검토되고 있다. 그리고 정부간 세원배분은 전통적으로 지출책임보다는 재원조달책임에 역점을 두고 진행되어 왔다.

세원배분의 전통적 접근은 중앙과 지방정부간 세원분리방식과 지방정부의 독립세방식이 바람직하다고 본다. 즉, 정부의 세 가지 기능(자원배분기능, 소득재분배기능, 경제안정화기능)에 따라 소득재분배기능과 경제안정화기능에 적합한 소득세 등 능력에 기초한 세원은 중앙정부에 귀속시키고, 지방공공재 공급에 적합한 재산세 등 편익에 기초한 세원은 지방정부에 귀속시키는 것이 바람직하다는 원칙이다.

그 동안 Oates(1996), Ter-Minassian(1997), Musgrave(1983)와 King(1984), McLure(1983) 등이 주장한 전통적 세원배분론은 지방정부는 조세경쟁이 초래되지 않고 이동성이 크지 않으며 안정적인 편익과세 성격의 세원이 바람직하다고 제안한다. 이와 관련하여 Oates(1996)는 기능배분과 연계하여 편익적 성격이 강하거나 이동성이 적은 세원은 가급적 하위 지방정부에 배분하고 그 이외의 것은 상위정부에 배분하는 것이 바람직하다고 주장한다.

Martinez-Vazquez(2007)의 경우에도 지방세는 편익과세이어야 하며, 소득분배를 위한 누진세율체계가 되지 않도록 해야 함을 명확하게 했다. 그러면서 그는 지방세의 원칙을 편익성, 보편성, 세원의 불이동성, 중립성, 세무행정의 편이성, 안정성, 조세부담의 가시성, 세원배분의 안전성 등 여덟 가지로 제시하였다.

Shah(1994)는 세원유형을 정부계층별로 구분하여 개념적으로 설계하여 정리하였는데, 그도 재산세 등 편익적 성격의 세원은 가장 낮은 지방정부에 배분하는 것이 바람직하다고 보았다. 반면에 관세, 부유세 등 누출효과가 크거나 소득재분배 효과가 있는 것은 초국가 또는 연방정부로 배분하였다.

그러나 오늘날 세계화, 개방화가 확산되면서 정부간 역할의 변화와 더불어 지방정부의 역할도 변하게 되면서 세원의 전통적 접근방법에 문제가 제기된다. 재정분권이 강화됨에 따라 지방정부의 역할이 확대되어 지출책임에 대한 요구는 커지는 데 비하여 재원조달책임이 미흡하여 문제가 되고 있다.

Bird(1999, 2008)에 의하면 전통적 세원분리방식은 세원이 풍부한 것은 대부분 중앙정부에 귀속되고 지방정부는 빈약한 세원만 갖게 되어 변화하는 지방정부의 역할 수행에 문제가 발생함을 지적하고 있다.

최근 경제환경의 변화 및 경제학의 발전에 따라 기존의 수동적인 경제주체로서의 지방정부 역할을 제기하였던 Musgrave와 Oates의 논리가 시대에 적합하게 변화될 필요가 있음이 제기되고 있다(掘場勇夫 2001). 掘場勇夫는 변화되어야 하는 이유를 크게 세 가지로 들고 있다. 첫째, 중앙정부와 지방정부의 상호 개인적인 행동이 예전에 비하여 다양해지고 복잡해졌다. 최근 지방정부는 보다 적극적으로 자신의 목적달성을 위하여 행동하는 주체로 변화되었다. 즉, 중앙정부가 국가전체의 관점에서 정책을 실시하는 경우, Musgrave나 Oates는 지방정부가 그 정책을 그대로 실시하는 것으로 가정하고 있으나 최근의 분석에 의하면 지방정부가 지방정부의 이익 극대화를 위해 중앙정부의 의도대로 정책을 실시하지 않는 경우도 있다고 보았다. 그 경우에는 중앙정부가 지방정부의 반응을 고려하여 최적인 정책을 선택할 필요가 있음을 지적하고 있다.

둘째, 재화나 서비스의 이동이 예전에 비하여 활발하게 되어 이점을 고려한 중앙과 지방의 기능배분론이 필요하게 되었다. 이 문제는 최근 EU 국가들을 대상으로 많은 연구가 진행중이다. EU 국가들간에 이동이 자유롭게 되어 한 국가의 세율 인하 또는 인상이 미치는 영향이 매우 크게 나타나고 있다. 따라서 예전과 달리 자유로운 이동에 부응할 수 있도록 중앙정부와 지방정부의 역할이 재정립될 필요가 있음을 지적하고 있다.

셋째, 정부가 공급해야 하는 재화는 종래 공급되던 재화에 비하여 범위가 매우 넓어졌기 때문에 이의 변화에 부응할 필요가 있다고 보았다. 예전의 소득재분배라 함은 개인소득세의 초과누진세율체계를 이용한 기능의 일환으로 화폐지원 등이 대부분이었다. 그러나 최근의 소득재분배는 화폐지원보다 교육, 복지, 의료 등의 준사적재에 대한 지원을 필요로 하고, 이에 대한 정보는 정보의 다양성 등에 따라 중앙정부보다 지방정부가 담당하는 것이 보다 바람직하다는 의견이 지배적이다. 즉, 지방정부에서 주민의 선호를 반영하여 준사적재를 공급하는 것이 보다 효율적일 수 있다는 주장이 제기되고 있다.

나. 새로운 접근

전통적 세원배분론에 대한 비판이 제기됨에 따라 세원배분의 새로운 접근방법에 대한 필요성이 공감을 얻고 있다(Bird(1999, 2008), Martinez-Vazquez(2006)). 새로운 세원배분론은 Oates(2008), Weingast(2006) 등에 의한 "제2세대 재정연방주의"와 맥을 같이 하고 있다. 세원배분론의 새로운 접근방법의 핵심은 지방정부의 과세자주권 강화, 재원조달책임과 지출책임의 연계 강화를 통한 재정책임성을 강조하고 있다. McLure(1998, 2000a, 2001)는 지방정부의 과세자주권을 강화하여 재정지출에 대한 재원조달 책임을 지방정부 스스로 부담할 수 있도록 해야 한다고 주장한다. 즉 과세자주권의 강화를 통한 재정책임의 의미는 지방정부 스스로 조세수입을 증가시키거나 감소시킴으로써 재정지출에 대응할 수 있도록 해야 한다는 것이다. 그렇지 않으면 지방정부는 재정지출을 이전재원의 증가를 통하여 해결하려는 경향이 강하게 되어 예산제약의 연성화(soft budget constraint)를 초래함으로써 재정책임성을 약화시키는 계기가 된다.

세원배분론의 새로운 접근의 함의는 크게 지방정부의 지출책임 변화에 따른 세원배분과 세원공유제도의 활용이라고 본다. 경제 및 사회적 여건 변화에 따른 지방정부의 역할 확대로 세수입의 증가에 비하여 재정지출의 증가가 더 크게 나타남으로써 중앙정부로부터의 이전재원의 규모가 증가하게 되었다. Bird(2008)는 지방정부의 증가하는 재정지출에 대한 책임을 강화하기 위해서 지방정부 스스로 통제할 수 있는 규모가 큰 세원의 확대가 필요하다고 본다. 그러한 의미에서 독립세원주의방식을 택하고 있는 전통적 세원배분은 지방정부 역할의 확대에 적절하게 대응할 수 없는 문제가 있으므로 중앙정부의 풍부한 세원을 지방과 공유하여 문제를 해결할 필요가 있음을 시사하고 있다. 그러면서 그는 세원을 공유할 경우 주의할 점은 지방정부의 재정 및 정치적 책임을 증진시킬 수 있도록 지방정부의 과세자주권을 강화하여 재정지출책임과 재원조달책임간의 연계성을 강화하도록 설계할 필요가 있음을 분명히 하고 있다.

Martinez-Vazquez(2006) 역시 지방정부의 재정지출은 지방세 등 순수한 자체세입의 증대를 통해서 조달하도록 해야 하며, 이전재원은 지방세 등 순수한 자체세입을 보완하는 역할을 담당하도록 해야 함을 주장한다. 이전재원이 지방재정에서 차지하는 비중이 과도하게 높을 때는 지방정부는 주민들의 부담을 재정지출과 연계시키고자 시도하기보다는 중앙정부로부터 이전재원을 확보하고자 노력할 것이므로 이전재원의 비중을 감소시키도록 해야 한다고 본다.

요약하면 새로운 접근방법은 지방정부의 역할 확대에 따른 재정지출 증가를 중앙정부로부터의 이전재원으로 보전하면서 발생하는 예산제약의 연성화를 방지하도록 세원배분 체계를 설계할 필요가 있음을 암시하고 있다. 그렇게 하기 위해서는 지방정부가 직면하고 있는 지출책임과 재원조달책임간의 괴리 또는 수직적 재정불균형을 완화하기 위한 노력을 강화해야 한다. 바람직한 방법은 지방정부의 재정책임성을 강화하도록 하는 것이 우선되어야 하는데, 동시에 중앙정부의 풍부한 세원을 공동으로 이용하도록 하여 지방세수를 확대할 필요가 있음을 제안하고 있다.

"분권화 정리(decentralization theorem)"를 통해 재정분권 이론 정립에 큰 기여를 한 Oates(2008)는 최근 논문에 그 동안 그의 재정분권 이론을 재조명하는 차원에서 "제1세대 재정분권론(first-generation theory of fiscal federalism)"과 "제2세대 재정분권론(second-generation theory of fiscal federalism)"으로 구분하여 기술하고 있다. Oates(1972)의 "분권화 정리"는 지방공공재를 공급함에 있어 비용 절감과 지역간 외부성이 없다면 중앙정부가 제공하는 것보다 지방정부에서 주민의 선호도를 반영하여 제공하는 것이 보다 효율적이라는 것이다. 즉 중앙정부는 지방정부에 비하여 지역주민이 원하는 정보가 부족하기 때문에 획일적인 공공재를 제공할 수밖에 없다는 것이다. 그러나 그는 기존 이론이 재정분권화하는 과정에서 특히 남미 국가들의 경우에는 현실과 괴리가 있음을 언급하면서 최근 논문에서 그 문제를 집중적으로 논의하고 있다.

Oates(2008)의 제2세대 재정분권론의 핵심은 지방정부의 연성예산제약(soft budget constraint)에 따른 재정책임성 결여의 문제이다. 이러한 문제가 발생한 대표적인 국가로 남미를 들 수 있는데, 그에 의하면 아르헨티나와 브라질의 경제위기는 지방정부의 기채가 궁극적으로 중앙정부의 재정위기를 초래하게 된 것이라고 본다. 연성예산제약에 대한 개념은 원래 Janos Kornai(1979, 1980)가 사회주의 국가의 공기업 행태를 논의하면서 처음 소개한 것이다. 즉 연성예산제약은 사회주의 공기업들이 심각한 재정적 파산

위기에 직면하더라도 상위기관으로부터 재정지원을 받을 수 있다는 판단 때문에 안이하게 행동한다는 것을 의미한다. 그 이후 지금은 연성예산제약은 어느 기관이나 조직이 재정지원에 대한 기대감으로 안이한 행동을 할 수 있다는 용어로 광범위하게 사용되고 있다(Kornai, Maskin, Roland, 2003). Oates는 재정분권화하는 과정에서 지방정부에게 지원되는 과다한 이전재원이 연성예산제약의 요인이 된다고 본다.

Oates는 이전재원이 지역간 수평적 형평 등 바람직한 역할이 있지만 이전재원으로 인한 문제를 최소화하기 위해서는 다음의 두 가지 조건을 만족시킬 필요가 있다고 주장한다. 첫째, 정부간 이전재원은 최대한 제한하도록 해야 한다. 즉 지방의 재원조달이 대부분 이전재원에 의해 구성되지 않도록 하여 의존성을 약화시킬 필요가 있다. 이 부분은 많은 재정학자들이 주장했던 것과 일치하는 것으로 자주재원의 중요성을 다시 언급하고 있다. 둘째, 이전재원은 반드시 투명하고 예측 가능해야 한다. 이전재원은 명확한 공식에 의해 이전되어야 하며, 동시에 이전재원의 목적에 부합해야 한다. 재정분권화 과정에서 중요하게 다루어야 할 부분이 정치상황을 고려한 정부간 이전재원의 설계와 운영이다.

종합하면 세원배분론의 새로운 접근방법 또는 “제2세대 재정분권” 이론이 제시하는 주요 핵심은 지방정부의 재정책임성을 강화하여 연성예산제약이 발생하지 않도록 하는 것이다. 그러기 위해서 지방정부의 세입은 이전재원보다는 자주재원에 의해 조달되도록 하고 자주재원인 지방세에 대한 과세자주권이 확보되도록 해야 한다는 것이다.

제 3 절 지방세수의 확대

1. 지방세원의 선택

지방세원의 선택과 관련해서는 그 동안 Musgrave(1983) 이래로 Oates(1996, 1998), McLure(1993, 1999), Bird(2008), Bird & Bahl(2008) 등 많은 학자들에 의해 다양하게 주장되었다. 세원의 선택은 전통적으로 정부의 재정 기능과 관련하여 설명하고 있다. 즉, 정부의 세 가지 재정 기능은 소득재분배기능, 경제안정화기능, 그리고 자원배분기능이다. 이 중 소득재분배기능과 경제안정화기능은 중앙정부에서 수행하며, 이와 연관된 누진과세 성격의 세원인 소득세 등이 주로 국세로 되어 있다. 자원배분기능은 중앙정부와 지방정부가 수행하는데, 국방 등 누출효과가 큰 순수공공재의 공급은 중앙정부가 수행하지만 청소 등 지역성이 강한 지방공공재 공급은 지방정부에서 수행한다. 지방정부의 세원은 주로 편익과 관련하여 배분되어 있다.

이렇게 세원배분을 기능배분과 연계함에 따라 지방세로 배분되는 세원은 다음과 같은 성격을 갖는 것이 바람직하다고 주장하였다(Oates, 1996). 첫째, 편익과세적 성격이 강한 세원은 가급적 보다 하위정부에 배분되어야 한다. 둘째, 비편익과세가 지방세로 배분될 때는 보다 상위정부에 배분되어야 한다. 셋째, 지방정부가 비편익과세를 이용하는 경우, 상대적으로 지방행정구역을 이동하기 어려운 세원에 과세되어야 한다. 이러한 세원배분원칙은 지방세 원칙으로 거론되는 보편성, 편익성, 안정성, 신장성, 정착성 중 주로 편익성과 정착성에 중점을 두고 있다. 이러한 세원배분원칙에 따라 중앙정부에는 개인소득세, 법인소득세 등 소득과세관련 세목이 배분되고, 주정부와 같은 광역지방정부에는 판매세(sales tax) 등 소비과세관련 세목이 배분되며, 지방정부에는 재산세 등 재산과세관련 세목이 배분되는 것이 합리적이라고 주장하였다.

뿐만 아니라 Bird(2008), Bird & Bahl(2008)도 유사한 준칙을 제시하고 있다. 지방공공재의 편익과 일치하는 조세를 지불하도록 하기 위한 바람직한 지방세의 준칙 네 가지는 다음과 같다. 첫째 지방세는 가장 부유한 지방정부에게 재정적으로 충분한 세수를 제공해야 한다. 둘째, 가능하면 지방정부의 세입은 지역주민의 편익에 따라 지역주민이 부담하도록 해야 한다. 셋째, 모든 계층의 지방정부는 정치적인 지출책임에 대하여 한계적인 재정책임을 지도록 해야 한다. 넷째, 지방세는 특히 자원배분을 심각하게 왜곡하지 않도록 설계해야 한다.

Bird(2008)는 지방정부의 기능이 단순하여 기본적인 지방공공재의 공급만 담당한다면 재산세나 사용료 등을 통해 세수입을 조달할 수 있으나, 교육, 복지 등 사회서비스에 대한 책임을 지는 경우에는 보다 풍부한 수입을 보장하는 지방세가 필요하다고 주장하며, 최근에는 지방정부가 교육, 복지 등 준사적재를 공급하는 것이 효율적이라고 하였다. 그리고 지방정부세로는 사용료, 재산세가 가장 적합하며, 주세로는 개별소비세, 개인소득세, 법인소득세, 급여세, 판매세가 적합하다고 주장하였다. 그리고 Bahl(1995) 등이 부가가치세가 지방세로 적합하지 않다고 주장한 것과 달리 중국, 인도, 브라질, 캐나다와 같은 거대 국가에서는 부가가치세가 지방세로서 적합하다고 주장하였다. 기존의 학자들은 부가가치세의 지방세 도입이 세정상 어렵다는 이유 등으로 지방세로 도입하기가 부적합하다고 주장하였지만, Bird(2008)는 지방업무영역의 확대와 세원의 중앙집중에 따른 비효율을 개선하려면 부가가치세의 지방세화가 필요하다고 주장하였다.

Bird & Bahl(2008)은 지방의 재정지출에 대한 책임을 강조하기 위해서는 지방세원이 어느 정도 확보되도록 해야 한다고 강조하면서 그 수준은 가장 부유한 지방이 자체적으로 재원조달이 가능할 수 있도록 해야 한다고 주장한다. 그러한 측면에서 그 동안 중앙정부의 고유세원인 개인소득세와 부가가치세는 지방정부와 세원을 공유하는 것이 적절하다고 제안한다. Bird, Mintz and Wilson(2006)의 경우에도 최근 선진국을 중심으로 중앙과 지방간 역할의 변화에 따라 세원배분에 대한 이론도 변화되어 예전에는 주로 국세였던 소득세와 소비세가 지방세원화되고 있음을 주장하고 있다.

아래의 표는 Bird(2008)가 최근 중앙과 지방의 기능이 변화된 점을 고려하여 세원배분에 대한 개인적인 판단을 재조명한 것이다. 그는 재산세, 개별소비세, 개인소득세, 급여세, 판매세, 영업세가 지역정부 또는 그 이하의 하위정부의 대상세목이 될 수 있다고 본다. 특히, 개별소비세와 개인소득세는 하위지방정부보다는 지역정부에 적절하다고 보며, 개별소비세는 지역별로 세율을 결정하도록 권하고 있고, 개인소득세는 신흥국가를 제외하면 적절하다고 판단한다.

[표 2-1] 지역(regional) 및 지방정부의 세원 및 특성

기 준	적 절 성	신 장 성	편 익 성	재정책임성
사용부담금 (L, R)	일부사업 적절	부적절	우 수	우 수
재산세(L)	대부분 적절	그다지 좋지 않음	좋 음	거주자에 바람직
개별소비세(R)	충분 미흡	다양함	그다지 높지 않음	세율이 지역별로 다르지 않다면 그다지 좋지 않음
개인소득세(R)	신흥국가를 제외하면 적절	적절	높지 않음	낮 음
급여세(R)	산업기반 지역 바람직	적절	고용형태에 따라 유동적	세율이 다르면 바람직
판매세(R)	적절	적절	경계구분에 따라 유동적	세율이 다르면 바람직
영업세(L, R)	적절	적절	설계에 따라 유동적	대체적으로 낮음

주: L은 지방정부, R은 지역정부를 의미함.
자료: Bird(2008), "*Tax Assignment Revisited*," International Studies Program, Working Paper 08-05에서 일부 정리한 것임.

지금까지의 논의를 요약하면 소비세와 소득세가 그 동안 중앙정부에서 담당하는 국세이었지만 지방정부의 역할과 기능이 변화하면서 증대하는 수요에 부응하기 위한 지방정부의 세원으로 논의되고 있다. 그 동안 지방정부의 고유세원인 재산세는 안정적이기는 하지만 신장성이 부족하기 때문에 선진국가를 중심으로 신장성이 좋은 소비세와 소득세를 지방세원화하는 경향이 강하다. 우리나라는 2005년 종합부동산세의 도입, 재산세 과표의 시가기준 개편 등 부동산세제의 개편에 따라 재산과세의 세부담이 급

격하게 증가하였다. 이렇게 급등한 재산과세의 세부담과 금융위기는 부동산 경기를 전반적으로 침체시키는 요인이 되었다. 그 결과 일부 주택의 기준시가는 시가보다 높게 산정되어 문제가 되고 있다. 이러한 상황 하에서 지방의 재원조달책임과 지출책임간의 괴리를 완화하는 방안으로 신장성도 좋지 않은 재산과세의 세부담을 증대시킬 수는 없다. 결과적으로 지방세수의 증대는 신장성이 좋은 지방소비세 또는 지방소득세를 통해서 확보해야 한다고 본다. 따라서 이하에서는 지방소비세와 지방소득세에 대하여 집중적으로 논의하고자 한다.

2. 지방소비세

지방소비세의 도입 여부에 대하여서는 그 동안 많은 논의가 있었다. 지방소비세의 도입이 바람직하지 않다는 견해의 주요 핵심은 지방소비세는 지방정부에서 세율을 결정할 수 없기 때문에 지방세의 원칙에 부합하지 않는다는 것이었다. 부가가치세는 전단계매입세액을 공제해야 하는 특성으로 인하여 지방정부가 세율을 달리할 수 없다. 지방소비세는 그러한 특성을 지니고 있는 부가가치세의 세원을 공유할 수밖에 없으므로 세율결정권에 대한 한계가 있을 수밖에 없다. 그렇다고 지방소비세를 포기하기에는 더 많은 문제가 있다고 판단하기 때문에 지방소비세가 내년부터 도입되기로 확정되었다.

현실적으로 우리나라 지방의 재정지출책임과 재원조달책임간의 괴리가 OECD 국가 중에서 매우 큰 상태인데, 아래의 그림

[그림 2-1] OECD 국가의 분권화 수준(2004)

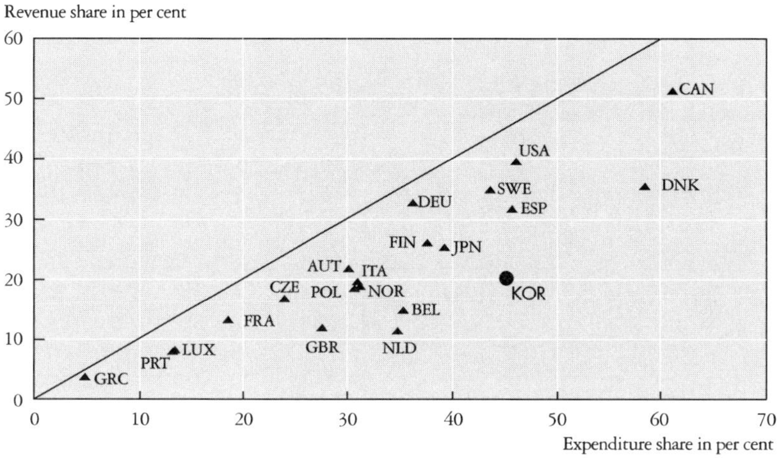

자료 : 최병호(2009), "지방소비세 도입과 관련된 주요 이슈 분석," 회의자료에서 재인용. OECD 국가별 자료는 National Accounts of OECD Countries(2005), Blochliger and King(2006)에서 인용; 한국의 자료는 「지방자치단체 예산개요 2008」을 사용함.

을 보면 명확하게 알 수 있다. 이러한 문제는 지방세입에서 이전재원이 차지하는 비율이 높다는 것으로서 지방정부의 책임 있는 재정적 의사결정에 대한 유인이 축소될 수 있음이 지적되고 있다. OECD 최근 보고서(2005)는 한국의 경우 중앙정부에 권한이 집중되어 있어 지방의 역량이 부족하며, 재원이 중앙정부로 치우치도록 배분되어 있어 지방은 의존적일 수밖에 없기 때문에 재정분권의 편익이 제대로 실현되지 못하고 있음을 지적하고 있다(Jones and Yokoyama, 2005).

그 동안 지방소비세의 도입에 대한 논의가 매우 다양하게 전개되었다. 유태현(2009)은 지금까지 논의된 지방소비세 관련 논문

[표 2-2] 중앙·지방간 소비세원 배분 방식

<table>
<tr><th rowspan="2">세원배분 원칙</th><th rowspan="2">세원 배분 유형</th><th colspan="2">지방의 권한</th><th colspan="4">지방소비세 도입방식</th></tr>
<tr><th>과표 결정권</th><th>세율 결정권</th><th>소비세성격</th><th>형 태</th><th>청산방식</th><th>사 례</th></tr>
<tr><td rowspan="2">세원 분리 (중복과세금지)</td><td rowspan="2">독립세</td><td rowspan="2">○</td><td rowspan="2">○</td><td rowspan="2">소비지 원칙</td><td>독립형</td><td>–</td><td>- 이문재(1995)
- 김대영 외 2인 (1996)</td></tr>
<tr><td>공동형</td><td>공식</td><td>- 이영희(2001)</td></tr>
<tr><td rowspan="9">세원 공동이용</td><td rowspan="5">독립세</td><td>○</td><td>○</td><td>생산지원칙 (원산지 원칙)</td><td>독립형</td><td>–</td><td>- 브라질 주의 ICMS</td></tr>
<tr><td rowspan="4">○</td><td rowspan="4">○</td><td rowspan="4">소비지원칙</td><td>EU이행 체계[주)]</td><td>이연지 불방식</td><td>- 1993년 이후 유럽</td></tr>
<tr><td>청산소 방식</td><td>세액공 제청산</td><td>- EC위원회(1985)</td></tr>
<tr><td>VIVAT</td><td>VIVAT</td><td>- Keen and Smith (1996; 2000)</td></tr>
<tr><td>CVAT</td><td>CVAT + 이연지 불방식</td><td>- McLure(2000)</td></tr>
<tr><td rowspan="3">부가세</td><td>△</td><td>○</td><td>소비지원칙</td><td>중복형</td><td>이연지 불방식</td><td>- 캐나다 퀘벡주 QST
- 김대영(2007)</td></tr>
<tr><td>×</td><td>△</td><td>소비지원칙</td><td>공동형</td><td>공식</td><td>- 캐나다 HST
- EC위원회(1996)
- 일본의 지방소비세</td></tr>
<tr><td>×</td><td>△</td><td>소비지원칙 + 재정조정</td><td>혼합형</td><td>이연지 불방식 + 공식</td><td>- 유태현 · 한재명 (2007b)</td></tr>
<tr><td>공동 과세</td><td>×</td><td>×</td><td>소비지원칙</td><td>공동형</td><td>공식</td><td>- 김정훈(1998)
- 이재은(2002)</td></tr>
</table>

						- 김대영(2003; 2004; 2009) - 라휘문(2005) - 원윤희 외 6인 (2008)
			소비지원칙 (또는 징세 지원칙) + 재정조정	공동형	공식	- 이삼주(2001) - 유태현 · 한재명 (2007a)
			재정조정	공동형	공식	- 독일 등

주: 유태현, 「지방소비 · 소득세 도입방안에 관한 선행연구의 검토와 쟁점」, 한국지방재정학회 발표논문, 2009. 1을 인용하여 보완하였음.

을 중심으로 자세하게 분류하였다. 초기 논문들은 주로 지방소비세의 도입 필요성에 역점을 두었으며, 최근 논문들은 지방소비세의 도입을 전제로 소비지표에 대한 논의가 핵심이다.

이상적인 지방소비세는 세수의 충분성 · 보편성을 확보하면서 지방정부의 세율결정권을 보장할 수 있어야 한다. 우선 세수의 충분성 · 보편성을 확보하려면, 중앙과 분리된 지방고유의 세원을 갖는 분리방식보다는 국세인 부가가치세의 세원을 중앙과 지방이 공유하는 공동방식이 바람직하다. 중앙과 지방이 부가가치세수를 공유하는 유형은 다양한데, 이러한 다양한 유형 중 최근 지방소비세 유형으로 자주 거론되는 것은 일본의 지방소비세와 같은 공동형 지방소비세라고 할 수 있다. 즉, 지방소비세의 세원은 국세인 부가가치세와 공유하되, 세수의 귀속은 "소비를 대표하는 지표"에 의해 배분하는 형태인데, 이러한 유형의 지방소비세는 지방정부에 세율결정권이 없다는 점에서 많은 반론이 제기된다.

다양한 지방소비세 유형 중에서 지방정부에 세율결정권을 보장하는 것이 우선이라면 원산지원칙, 세액공제청산방식, 이연지불방식이 가능한 대안이라고 본다. 그러나 우선 원산지형의 경우는 세부담자의 거주지와 세수귀속지의 불일치라는 근본적인 문제점 외에도 세율인상 경쟁 야기, 세수의 원산지 편재, 자원배분 중립성 훼손 등의 문제점이 있다. 뿐만 아니라 소비지원칙에 입각한 세액공제청산방식, 이연지불방식에 의한 지방소비세는 세부담자의 거주지와 세수귀속지가 일치지만 세액공제 청산방식에서는 납세협력 비용과다, 세율인상 경쟁의 가능성이 있다. 이연지불방식에서는 세액공제청산방식과 달리 세율인상 경쟁 가능성은 없으나 탈세의 가능성이 높다는 단점이 있다. 또한 최근 이연지불방식의 지방소비세 유형에 속한다고 볼 수 있는 유럽연합의 가맹국간 거래에서 상당한 규모의 사기거래가 발생하고 있는 문제도 있다.

우리나라에서의 세율결정권 있는 지방소비세의 도입가능성을 타진해 본 결과 이들 유형의 지방소비세가 세수의 충분성·보편성을 확보하면서 지방정부의 세율결정권이 보장되는 장점이 있지만, 또한 외국 사례에서 나타나는 문제점 역시 우리나라에서도 발생할 수 있다는 문제가 있다. 다만, 이연지불방식을 채택한 유럽연합에서와 같은 사기거래가 우리나라의 지방소비세에서도 발생할 가능성은 낮다고 보는데, 그 이유는 유럽연합에서 발생하는 사기거래는 국세에 해당하는 유럽연합 부가가치세가 없고 지방세에 해당하는 가맹국 부가가치세만 있는 상황에서 발생하는 것이기 때문이다. 따라서 우리나라에서 국세인 부가가치세와 지방소비세를 동시에 징수하는 형태로 도입할 경우에는 유럽연합에서 발생한 것과 같은 사기거래를 이용한 조세회피가 발생할 가능성은 낮다고 판단한다. 특히, 이연지불방식의 지방소비세는 지방정부간 경계를 넘는 거래를 구분하는 데 비용이 소요된다는 점을 제외하고는 공동형 지방소비세와 마찬가지로 세부담자의 거주지와 세수귀속지가 일치하면서 지방정부에 세율결정권을 부여할 수 있기 때문이다. 또한 원산지원칙이나 세액공제청산방식에서와 같은 다른 지방정부의 세수를 침식하거나 유리한 현금흐름을 얻기 위한 세율경쟁의 가능성이 낮고, 유럽연합에서와 같은 사기거래 발생의 가능성도 낮기 때문이다.

새로운 세원의 신설은 여러 조건이 있으나 그 중의 하나가 세무행정비용이 과다하지 않아야 한다고 되어 있다. 지방소비세의 세율결정권 확보가 매우 중요하다면 과다한 비용을 지불하더라도 이연지불방식으로 선택해야 할 것이다. 그러나 우리나라의 지방소비세 도입 목적은 우선적으로 지방세수의 확충에 있다. 그러한 측면에서 지방소비세는 다소 세율결정권이 없어 책임성이 부족하지만 신장성이 좋은 부가가치세와 세원을 공유하게 되므로 자율성을 확보할 수 있다는 차원에서 장점이 있다.

3. 지방소득세

지방소득세는 지금까지 논의한 재정분권 또는 세원배분 차원에서 지방소비세의 도입 논리와 맥을 같이한다. 다만, 지방소득세는 지방소비세의 취약점인 세율결정권에 대한 문제가 없기 때문에 분권 차원에서 보다 바람직한 세원이다. 특히, 지방소득세는 지방정부가 지역 내의 거주지에서 발생하는 소득에 과세하기 때문에 지방세의 조건인 편익원칙에 부합한다. 뿐만 아니라 지방소득세는 지방정부의 재정상황에 따라 세율을 조정할 수 있는 권한이 있어 세수입의 증대효과뿐만 아니라 재정에 대한 자율성을 확보할 수 있어서 재정책임을 강화할 수 있다.

지방소득세가 지방세로서 바람직한 조건을 갖추고 있으면서도 북구 유럽 국가를 제외한 다른 국가에서 활성화되지 않은 주된 이유는 소득세는 중앙정부의 기간세이기 때문이다. 지방소득세가 선진 국가에서는 활성화되지 않았지만 러시아 등 개발도상국에서는 지방정부의 주요한 세원이다. Bahl and Bird(2008)는 지방소득세를 지방세로 활용하는 국가가 증가하고 있지만 지방정부에서 사용할 경우에는 세무행정비용의 절감을 위해 비례세율제도를 채택하는 것이 바람직하다고 제안한다. 지방소득세가 활성화되어 있는 북구유럽국가에서도 지방소득세의 과표는 중앙정부와 동일하지만 세율은 비례세율로 과세하고 있다.

우리나라에서 지방소득세의 도입은 지방소비세의 도입과 더불어 지속적으로 논의되어 왔으며, 2010년부터 도입하기로 확정되었다. 유태현(2009)은 지금까지 논의된 지방소득세 관련 논문을 유형화하여 자세하게 정리하고 있다. 대부분의 논문은 지방소득세를 현행 소득세와 세원을 공유하는 형식을 제안하고 있으며, 일부에 한하여 독립세 형식을 주장하고 있다. 도입 확정된 지방소득세는 2013년 이전에는 현행 소득할 주민세를 명칭만 바꾸는 형식을 취하다가 2013년부터는 과표의 변경 등 과세자주권을 확보하는 방안이다. 즉 지방소득세의 도입 초기에는 세원을 국세의 소득

[표 2-3] 중앙·지방간 소득세원 배분 방식

세제개편	세원배분 원칙	유 형	과 표	세율/배분공식	사 례
국세-지방세 조정	세원분리	독립세	1차 산업 관련소득 및 양도소득	소득세세율	- 김한기(2002) - 조임곤(1999)
	세원공동 이용	부가세	소득세(또는 법인세) 과표	비례세율 (균등세율)	- 이영조(1999) - 이재은(2006)
				지역간 차등세율	- 이재은(2008)
			소득세(또는 법인세) 부과결정액	역진적 세율	- 이재은(2006; 2007)
		공동 과세	소득세액 (또는 법인세액)	비례세율/ 징세지기준	- 이상용·라휘문 (2003)
				비례세율/ 공식(징세지기준 + 재정조정)	- 라휘문(1998; 2003) - 노근호(2003) - 김한기(2002) - 유경문(2006)
	세원분리+ 세원공동 이용	- 주민세 소득세할(세율인상)과 양도소득세 통합(지방소득세) - 주민세 법인세할의 법인세 통합(국세)			- 정병순 외 2인 (2003)
		- [단기안](주민세 소득할과 농업소득세의 통합)에 소득세 과세대상 일부(임업, 어업, 축산업, 광업) 추가[장기안]			- 김대영 외 2인 (1996)
지방 세제 내 개편	- 주민세 법인세할 세율 인상[법인세 세율인하 병행]				- 원윤희 외 6인 (2008)
	- 주민세 소득할과 농업소득세의 통합[단기안] - 주민세 균등할은 장기적으로 폐지 검토(소득세 일부 이양시)				- 김대영 외 2인 (1996)

주: 유태현, 「지방소비·소득세 도입방안에 관한 선행연구의 검토와 쟁점」, 한국지방재정학회 발표논문, 2009. 1을 인용하여 보완하였음.

세와 공유하다가 2013년부터는 지방소득세의 독립적인 세원과 세율을 가지게 된다. 지방소득세의 구체적 과세방안은 좀 더 심도 있는 논의를 하면서 결정되어야 할 사항이다.

Bahl(1999)은 소득세가 지방세로서 바람직하지만 법인에 대한 소득세(법인세)는 지역간 조세경쟁을 유발할 수 있기 때문에 신중한 검토가 필요함을 언급하고 있다. 반면, 개인소득세는 해당 지역의 주민이 지방공공재에 대한 편익을 세금으로 납부하기 때문에 분권개념에 적합한 세원이라고 본다. 또한 지방정부가 개인소득세의 세율을 자체적으로 조정할 수 있는 권한이 있지만, 그렇게 하기보다는 세무행정비용 절감차원에서 국세의 소득세와 세원을 공유하는 부가세 방식이 더 바람직할 수 있음을 제안하고 있다. 그러나 법인세는 지방세원으로 한계가 있다고 본다. 그 이유는 법인세가 경기변동에 민감하므로 지방세가 갖추어야 할 안정성 조건을 충족하지 못하고, 지역간 조세경쟁을 유발할 수 있는 소지가 있으며, 지역공공재의 편익을 고려하여 배분하는 과정이 복잡해질 수 있기 때문이다. 미국의 경우 법인세는 주정부차원에서 많이 활용하고 있지만 세수규모가 크지 않기 때문에 별 문제가 없다. 또한 러시아와 중국이 법인세의 세원을 중앙과 공유하고 있는데, 세수규모가 크지 않기 때문에 아직 문제가 발생하지 않는 것이고 향후 경제성장과 더불어 문제가 될 수 있다고 본다. 아래의 표는 Bird(2008)가 연방국가의 중앙과 지방정부간 세원배분을 구분한 것인데, 개인소득세를 중앙정부와 지방정부가 공유할 수 있는 세원으로 분류하고 있다.

[표 2-4] 연방국가의 세원배분

세 원	중앙정부1	지방정부1
개인소득세(Personal incom tax)	○	부가세가능
급여세(Payroll tax)	○	×
영업세(Enterprise profit tax)	○	×
자원세(Natural resource tax)	○	제한적
부가가치세(Value added tax)	○	×
판매세(Retail sales tax)	○	○
관세(Custom duties)	○	×
특소세(Excise taxes)	○	부가세가능
재산세(Property tax)	×	○
부담금(User charges)	○	○

자료: Bird(2008), "*Tax Assignment Revisited*," International Studies Program, Working Paper 08-05.

영국 레이필드위원회는 지방소득세의 장·단점을 아래와 같이 소개하고 있다.[1)]

① 지방정부가 실질적인 세수를 확보할 수 있다.

② 그 지역의 주민에게 과세함으로써 지방정부의 재정책임성이 향상될 수 있다.

③ 개인에 대해서 그 소득에 따른 과세를 실시할 수 있다.

④ 원천징수제도를 활용하면서 국세청이 관리하도록 하고, 현재의 국가 소득세를 간소화하면 실현할 수 있는 방안이다.

⑤ 국세청과 산업·상업 전반에 대해서 현재의 소득세의 징수·과세의 부담을 상당히 증가시킬 것이다.

⑥ 소득세의 관리에 대한 公私의 비용은 연간 약 1억 파운드

1) 이재은(2008), "지방소득세의 이론적 배경, 도입방향, 추진과제," 「2008년도 춘계 지방세 세미나」, 한국지방재정학회 발표논문에서 재인용하였음.

이고 인원증가는 약 25,000명 정도 될 것이다.

⑦ 소득세가 중앙정부의 경제관리수단으로서 이용되는 상황에 변화가 생길 수 있다.

⑧ 개별 납세자가 지방정부와 중앙정부의 전체 소득세부담 중 지방부담분을 명확하게 인식할 수 있도록 특별한 수단이 요구된다.

⑨ 도입까지는 적어도 5년이 필요하다.

⑩ 국세 제도에 있어서 간소화해야 할 중요한 것들이 많이 존재한다.

즉, 레이필드 위원회는 지방소득세는 중앙정부의 조세구조에 중요한 영향을 미치지만 그 도입이 불가능한 것은 아니라고 본다. 지방소득세는 지방정부가 지출책임과 재원조달책임에 대한 재정책임성을 갖게 하는 데 적합한 세원이므로 지방소득세의 도입에 수반되는 관리비용은 충분히 정당화될 수 있음을 제안하고 있다.

神野直彦・金子勝(2001)은 지방소득세의 과세형태를 크게 네 가지 유형으로 구분하고 있다.[2] 네 가지 유형은 아래와 같은데, ①에서 ④로 갈수록 자치단체의 자율권이 커진다고 볼 수 있다.

① 중앙위탁형의 지방소득세(분여방식)

② 중앙소득세에 지방부가세 방식(중복과세방식)

③ 기초세율 부분을 지방에 이양한 소득비례세

2) 지방소득세의 과세형태 등에 관한 보다 상세한 논의는 이재은(2008), "지방소득세의 이론적 배경, 도입방향, 추진과제," 「2008년도 춘계 지방세 세미나」, 한국지방재정학회 발표논문과 神野直彦・金子勝(2001), 『地方に税源を』, 東洋經濟新報社, 東京, 제3장을 참고하기 바람.

(a) 국세청이 대리 징수하여 지방세수분을 배분하는 유형(중복과세방식)

(b) 국세자료에 기초하여 지방당국이 자주적으로 부과하는 유형(반독립방식)

④ 완전자주형의 지방소득세

(a) 국세자료에 기초하여 지방당국이 자주적으로 평가하고 징세하는 유형(독립방식)

(b) 중앙소득세의 과세표준을 기초로 지방당국이 자유로 과세권을 행사하는 유형(완전독립방식)

지방소득세의 네 가지 과세유형에 대하여 세율결정권, 과세소득 평가체계와 징세방법, 과세소득의 선택권, 과세표준의 정의 등을 기준으로 지방자치단체의 재량권을 비교·평가하면 다음과 같다.

①의 중앙위탁형은 지방자치단체가 부과하는 독자적인 지방세는 아니지만 보조금 등 이전재원에 비하면 지방재량권이 훨씬 증대된다. ②의 부가세 방식은 중앙정부가 국세에 연계시켜 지방소득세를 과세하는 점에서는 ①과 같지만, 지방자치단체가 독자적인 과세권을 갖고 있다는 점에서 차이가 있다. ③의 소득비례세는 지방자치단체가 독자적인 과세권을 갖고 세율결정권을 행사할 수 있지만 국세청이 대리 징수하여 지방세수분을 배분하는 유형은 부가세 방식과 큰 차이가 없다. 그러나 국세자료에 기초하여 지방당국이 자주적으로 부과하는 반 독립방식에서는 세율결정권뿐만 아니라 과세소득평가체계와 징세방식에서 지방의 자율성이 크게 증가한다. ④의 완전자주형은 독립세 방식에 가장 가까우며, 국세 소득세의 과세자료를 바탕으로 과세권을 행사하는 경우와

[표 2-5] 지방소득세의 유형과 지방재량권

	① 중앙 위탁형	② 부가세 방식	③ 소득비례세		④ 완전자주형	
			(a)	(b)	(a)	(b)
세율결정권	×	○	○	○	○	○
과세소득평가체계와 징세방법	×	×	×	○	○	○
과세소득의 선택권	×	×	×	×	○	○
과세표준의 정의	×	×	×	×	×	○

출처: 神野直彦・金子勝(2001).

지방이 과표와 세율을 스스로 결정하는 경우로 나눌 수 있다. 이 경우는 지방이 스스로 과세소득의 선택과 세율결정권을 갖기 때문에 매우 독립적이다.

神野直彦・金子勝(2001)은 위의 네 가지 과세유형을 징세・행정 비용, 연도내 징수의 용이성, 제도도입 비용, 납세자 비밀보장 등을 기준으로 비용을 비교하였다. ①의 중앙위탁형은 중앙정부의 소득세에 의존하고 있기 때문에 지방의 재량권과 책임성은 낮지만 지방자치단체의 징세비용은 최소화될 수 있다. 또한 국세 소득세와 함께 징수하기 때문에 연도 내 징수도 용이하고, 지방소득세의 도입비용도 크지 않을 것이다. 뿐만 아니라 개인의 소득자료가 국세청에 집중되어 있기 때문에 납세자의 비밀보장도 크게 문제되지 않을 것이다. ②의 부가세 방식도 ①의 경우와 기본적으로 동일하다고 보면 된다. 단지 지방소득세의 세율이 지방자치단체에 따라 다를 경우 국세청에서 징수해야 하는 비용이 증가하게 된다. 또한 제도도입의 경우 전산처리가 효율화되어도 일정한 비용이 발생할 것이다. ③의 소득비례세의 경우는 (a)와 같이 중앙이 징수하여 지방으로 배분하는 경우는 기본적으로 ②와 동일하지만, (b)처럼 지방이 독립적으로 징수하고 과세소득의 범위를 확대할 경우에는 상황이 달라질 것이다. 그 이유는 지방이 독립적으로 과세소득에 대한 결정과 징세를 담당하게 되면 지방의 세무조직이 강화되어야 하기 때문이다. 새롭게 제도를 도입할 경우에 지방의 세무행정 비용이 높아질 수밖에 없다. ④의 완전자주형의 경우 지방의 자율성과 책임성은 높아지는 반면에 지방이 독립적으로 과세자주권을 갖기 때문에 과세비용이나 행정비용, 연도 내 징수의 용이성, 납세자의 비밀유지, 제도도입의 비용 등 비용요인은 ①~③에 비해서 높아질 수밖에 없다. 이처럼 지방의 자율성과 책임성이 높은 과세유형을 선택하면 그것에 수반하는 비용은 증가할 수밖에 없다.

지방자치단체가 세율결정권 등 과세자주권을 많이 가질 수 있도록 지방소득세를 설계하는 것이 지방자치 실현에 부합한다. 그러나 과세자주권과 비용은 경합관계이므로 지방소득세에 대한 지방자치단체의 과세자주권이 커질수록 비용도 증가하는 것이 일반적이다. 따라서 이러한 점을 고려하여 현실적인 지방소득세 유형을 선택하는 것이 적절하다고 본다.

[표 2-6] 지방소득세의 유형과 비용 평가

	① 중앙 위탁형	② 부가세 방식	③ 소득비례세		④ 완전자주형	
			(a)	(b)	(a)	(b)
징세 · 행정비용	○	○	○	*	×	×
연도내 징수의 용이성	○	○	○	×	×	×
제도도입 비용	○	*	*	*	*	×
납세자 비밀보장	○	○	○	×	×	×

출처: 神野直彦 · 金子勝(2001).
주: *표는 과세형태에 따라 상이한 것을 나타낸다.

제 3 장

지방재정 현황

제 1 절 지방세입 현황

1. 재원의 징수와 사용

2007년 결산기준으로 일반회계 총 규모는 250조 7,444억원이며 이러한 예산을 재원조달 측면에서 보면 중앙정부가 171조 1,731억원(68.3%)을 조달하며, 자치단체는 76조 2,796억원(30.4%)을 조달한다. 조세로 조달하는 재원의 규모는 198조 9,155억원인데, 국세가 155조 3,912억원(78.1%), 지방세가 43조 5,243억원(21.9%)이며, 세외수입 등으로 조달하는 재원의 규모는 51조 8,289억원인데, 중앙정부가 15조 7,819억원(30.4%)을 조달하고 자치단체가 32조 7,553억원(63.2%)을 조달한다.

국세로 징수된 재원 중 일부는 지방교부세, 국고보조금으로 지방에 이전되고, 또 일부는 지방교육재정교부금으로 지방교육재정으로 이전되는데, 중앙정부에서 자치단체로 이전하는 재원은 총 41조 9,559억원으로 이중 지방교부세가 25조 2,924억원이고 국고보조금이 16조 7,265억원이다. 그리고 중앙정부에서 지방교육재정으로 이전하는 재원은 26조 8,983억원이며, 자치단체에서 지방교육재정으로 이전하는 재원은 7조 2,030억원이다.

이러한 재원이전 결과 중앙정부는 국세로 155조 3,912억원을 징수하지만, 이중 68조 8,542억원은 자치단체와 지방교육재정으로 이전하고 실제로 사용하는 조세액은 86조 5,370억원이며 여기에 중앙정부의 세외수입 등 15조 7,819억원을 합친 102조 3,189억원이 사용기준으로 본 중앙정부 예산이다. 즉, 중앙정부는 총 예산의 68.3%를 국세와 세외수입 등으로 조달하지만, 자치단체와 지방교육재정을 지원하고 실제로 사용하는 것은 총 예산의 40.8%이다.

한편 자치단체는 지방세로 43조 5,243억원을 징수하지만 중앙정부로부터 41조 9,559억원을 이전받고 지방교육재정에 7조 2,030억원을 이전하여, 총 조세 수입 중 자치단체가 실제로 사용하는 규모는 78조 2,772억원이다. 여기에 자치단체의 세외수입 등 32조 7,553억원을 합친 110조 325억원이 사용기준으로 본 자치단체 예산이다. 즉, 자치단체는 총 예산의 30.4%를 지방세와 세외수입 등으로 조달하지만, 중앙정부로부터 지방교부세, 국고보조금을 이전받고 지방교육재정에 이전하여 실제로 총 예산의 44.3%를 사용한다. 따라서 지출기준으로 볼 때 자치단체의 재정규모는 중앙정부보다 크다고 할 수 있다.

[표 3-1] 중앙·지방간 재원의 조달과 사용 (단위: 억원, %)

구 분	중앙정부	자치단체	지방교육
총 수입 2,507,444	1,711,731 (68.3)	762,796 (30.4)	32,917 (1.3)
세외수입 등 518,289	157,819 (30.4)	327,553 (63.2)	32,917 (6.4)
조세수입 1,989,155	1,553,912 (78.1)	435,243 (21.9)	-
조세수입의 배분 ① 국가재정 ⇒ 지방재정	- 419,559 지 방 교부세 -252,294 국 고 보조금 -167,265	+ 419,559 지 방 교부세 252,294 국 고 보조금 167,265	-
조세수입의 배분 ② 국가재정 ⇒ 교육재정	- 268,983 교육재정 교부금 등 -268,983	-	+ 268,983 교육재정 교부금 등 268,983
조세수입의 배분 ③ 지방재정 ⇒ 교육재정		- 72,030 법 정 전입금 - 69,178 기 타 - 2,852	+ 72,030 법정전입금 69,178 기 타 2,852
조세사용액 1,989,155	865,370 (43.5)	782,772 (39.4)	341,013 (17.1)
세외수입 등 518,289	157,819 (30.4)	327,553 (63.2)	32,917 (6.4)
총 지출 2,507,444	1,023,189 (40.8)	1,110,325 (44.3)	373,930 (14.9)

주 1) 2007년 일반회계 결산 순계기준이다.
2) 세외수입 등에는 국채와 지방채가 포함되어 있다.

자료 : 행정안전부, 「지방세정연감」, 「지방재정연감」, 2008.
기획재정부, http://www.digitalbrain.go.kr/

이러한 재정상황을 재정분권의 지출책임의 배분과 재원조달책임의 배분 측면에서 살펴보면, 우선 지출책임의 배분 측면에서 보면 중앙정부 : 자치단체 : 지방교육재정이 40.8% : 44.3% : 14.9%로 배분되어 있어, 자치단체가 중앙정부보다 더 많은 업무를 수행하고 이를 위해 더 많은 예산을 사용하고 있음을 알 수 있다. 그러나 재원조달책임의 배분 측면에서 살펴보면, 자치단체는 총 110조 325억원을 지출하지만, 이러한 지출을 위해 스스로 조달한 재원은 76조 2,796억원으로 총 예산의 30.4%이며 또한 안정적 재원인 지방세로 조달한 재원은 43조 5,243억원으로 조세총액의 21.9%이다.

종합적으로 지출책임과 재원조달책임을 연계하여 설명하면, 지출책임측면에서 자치단체에는 총 국가업무의 44.3%를 수행하지만, 이러한 업무를 수행하는 데 필요한 재원조달책임은 30.4%만 배분되어 있다고 할 수 있다.

또한 조세의 사용을 기준으로 할 때, 자치단체는 총 조세수입의 39.4%를 사용하지만 조세의 징수 기준으로 보면 자치단체가 징수하는 지방세는 총 조세수입의 21.9%에 불과하다. 즉, 자치단체는 중앙정부와 유사한 규모의 업무를 수행하고 있으며, 이에 따라 지출책임도 중앙정부와 유사하게 배분되어 있다. 따라서 우리나라의 지출책임의 분권의 정도는 낮지 않다고 할 수 있으나, 이러한 지출책임의 배분에 비해 재원조달책임은 상당히 적게 배분되어 있다. 즉, 자치단체가 스스로 조달하는 재원의 비중은 낮고, 부족한 재원은 중앙정부로부터의 이전재원인 지방교부세와 국고보조금으로 충당한다. 이러한 지방재정 상태를 살펴볼 때, 자치단체의 지출책임의 배분 수준은 높지만 재원조달책임의 배분 수준이 낮아 양자 간에 괴리가 심하다고 할 수 있다.

2. 지방세입구조

2007년 결산 순계기준으로 지방세입 총액은 118조 2,355억원인데, 이중에서 자주재원인 지방세가 43조 5,243억원(36.8%), 세외수입이 31조 9,734억원(27.0%)로 자주재원비율은 63.8%이다.[1)]

그리고 이전재원인 지방교부세가 25조 2,294억원(21.3%), 국고보조금이 16조 7,265억원(14.1%)이다. 이러한 지방세입구조는 지방자치실시 이후 크게 변화하지 않았다.

[표 3-2] 지방세입 구조 (단위: 억원, %)

합 계	지 방 세	세외수입	지방교부세	국고보조금	지 방 채
1,182,355	435,243	319,734	252,294	167,265	7,819
100.0	36.8	27.0	21.3	14.1	0.7

주: 2007년 일반회계 결산순계 기준.
자료: 행정안전부, 「지방재정연감」, 「지방세정연감」, 2008.

1) 지방세입 총액 118조 2,355억원은 지방교육재정에 7조 2,030억원을 교부하기 이전 금액임.

현행 자치단체별 지방세입구조를 살펴보면 [표 3-3]과 같다.

[표 3-3] 자치단체별 지방세입 구조

(단위: 백만원)

구 분	지 방 세	세외수입	지방교부세	국고보조금	지 방 채	지방세입
서울	11,885,828	4,177,816	485,689	753,850	-	17,303,183
부산	2,580,854	1,109,294	722,210	805,216	287,700	5,505,274
대구	1,598,148	843,582	671,369	506,655	75,500	3,695,255
인천	2,207,214	1,212,757	270,509	609,420	121,460	4,421,360
광주	877,200	348,962	452,974	407,618	3,210	2,089,963
대전	1,022,282	445,493	275,530	289,201	-	2,032,506
울산	1,040,105	719,422	244,430	188,156	18,700	2,210,813
경기	11,465,307	6,443,582	1,837,496	2,129,392	67,100	21,942,877
강원	1,097,950	3,183,712	2,578,007	1,134,503	29,250	8,023,422
충북	1,077,314	1,509,844	1,817,900	837,736	-	5,242,794
충남	1,649,345	1,756,487	2,141,432	1,248,168	2,502	6,797,934
전북	1,015,355	1,426,858	2,606,569	1,431,050	38,770	6,518,602
전남	1,127,642	2,500,187	3,646,838	2,165,758	24,500	9,464,926
경북	1,867,493	2,574,400	3,701,359	1,762,281	1,300	9,906,834
경남	2,565,187	3,286,088	3,041,499	1,769,629	59,600	10,722,003
제주	447,094	434,886	735,641	687,862	52,347	2,357,830
합계	43,524,319	31,973,371	25,229,452	16,726,495	781,940	118,235,577

주: 2007 결산 순계 기준.

자료: 행정안전부, 지방세정연감, 2008. http://lofin.mopas.go.kr/

현행 자치단체 계층별 세입 규모는 [표 3-4]와 같다.

[표 3-4] 현행 자치단체 계층별 세입 규모 (단위: 백만원)

구 분	지 방 세	지방교부세	세외수입등	광역 · 기초간 재정조정	세입순계
특별시	10,310,205	379,741	3,074,062	-3,098,369	10,665,639
자치구	1,575,623	105,948	1,857,604	3,098,369	6,637,544
광역시	8,187,874	1,961,893	5,809,652	-3,341,832	12,617,587
자치구	867,794	322,991	1,727,972	3,123,016	6,041,772
광역군	270,136	352,138	454,723	218,816	1,295,812
도	11,820,236	4,945,643	17,549,784	-7,220,978	27,094,685
시	8,968,126	8,430,723	11,497,327	5,272,903	34,169,079
군	1,524,325	8,730,375	7,510,685	1,948,075	19,713,460
합 계	43,524,319	25,229,452	49,481,808	0	118,235,577

제2절 지방세수 현황

1. 세수구조

지방세의 현황을 살펴보기 전에 전반적인 조세구조를 살펴보기로 한다. 2007년 일반회계 결산기준으로 조세총액은 198조 9,155억원인데 이중에서 국세는 155조 3,912억원으로 78.1%를 차지하고, 지방세는 43조 5,243억원으로 21.9%를 차지한다. 2001년 이후 지방세 비중은 21.9%~24.6%이며, 이러한 지방세 비중은 거

[표 3-5] 국세와 지방세 세수변화 추이 (단위: 억원, %)

구 분		2001	2002	2003	2004	2005	2006	2007
국 세		892,717	966,166	1,070,486	1,102,171	1,204,237	1,302,609	1,553,912
		77.0	75.4	76.4	76.3	77.0	75.9	77.9
지방세		266,649	315,257	331,329	342,017	359,774	412,937	435,243
		23.0	24.6	23.6	23.7	23.0	24.1	22.1
총 조세		1,159,366	1,281,423	1,401,815	1,444,188	1,564,011	1,715,546	1,989,155
		100.0	100.0	100.0	100.0	100.0	100.0	100.0

자료: 행정안전부, 「지방세정연감」, 각년도; 국세청, 「국세통계연보」, 각년도.

의 6년 동안 큰 변화가 없다. 이러한 지방세 비중도 2001년에 그동안 국세이었던 교육세 중 지방세에 부가되는 부분이 분리되어 지방교육세로 신설되었기 때문에 전년에 비해 지방세 비중이 3.7%p. 높아지게 된 것이다.

현행 16개 지방세목을 세원별로 구분한다면 재산과세에는 6개 세목이 있는데 이 중 보유과세에는 재산세, 자동차세, 도시계획세, 공동시설세의 4개 세목이 있으며, 거래과세에는 취득세, 등록세의 2개 세목이 있다.

소득과세에 해당하는 세목으로는 주민세, 농업소득세 2개 세목이 있으며, 소비과세에 해당하는 세목으로는 담배소비세, 레저세, 도축세, 주행세 4개 세목이 있다. 면허세, 사업소세, 지역개발세, 지방교육세 4개 세목은 과세대상이 혼합되어 있어 기타로 분류한다.

[표 3-6] 지방세목의 세원별 분류

세원별		세 목
재산과세	보유과세	재산세, 자동차세, 도시계획세, 공동시설세
	거래과세	취득세, 등록세
소득과세		주민세, 농업소득세
소비과세		담배소비세, 레저세, 도축세, 주행세
기 타		면허세, 사업소세, 지역개발세, 지방교육세,
계		16개 세목

2007년 결산기준으로 지방세의 세수구조를 살펴보면, 재산과세가 23조 715억원으로 53.0%를 차지하며, 소득과세가 7조 4,115억원으로 17.0%를 차지하고 소비과세는 6조 9,474억원으로 16.0%를 차지하고 있다.

이러한 재산과세위주의 지방세수구조는 다음과 같은 문제점이 있다.

첫째, 재산과세는 세수의 소득·소비탄력성이 낮아 국가 경제성장이나 지역경제발전에 따른 소득, 소비의 증가가 직접 지방세수 증대로 이어지지 않으므로 세수신장성이 낮다.

둘째, 부동산 거래과세 위주의 우리나라 지방세제는 부동산 경기순환의 영향을 많이 받으므로 안정성이 떨어진다.

셋째, 재산보유과세인 재산세 등은 일정한 납기에 전국적으로 징수되며, 과표산정을 위해서 재산가액평가라는 행정과정을 수반할 수 밖에 없으므로 납세의무자의 조세저항을 야기할 우려가 있어 세수확충에 어려움이 있다.

[표 3-7] 지방세수 구조 (단위: 억원, %)

구 분	합 계	재산과세	소득과세	소비과세	기 타
세 수	435,243	230,715	74,115	69,474	60,939
비 중	100.0	53.0	17.0	16.0	14.0

주: 2007년 결산 순계 기준.
자료: 행정안전부, 「지방세정연감」, 2008.

따라서 현행 재산과세위주의 지방세제가 안고 있는 문제점을 해결하기 위해서는 지방세수 기반확충은 재산과세가 아닌 소득과세나 소비과세를 강화하는 방향으로 이루어져야 한다.

2. 지방세수 분포

지방세제의 또 다른 문제점인 자치단체간 세수불균형에 대하여 살펴보기로 한다. 2007년 결산기준으로 지방세 총액은 43조 5,243억원인데, 서울, 인천, 경기 등 수도권의 지방세수가 25조 5,583억원으로 58.7%를 차지하고 있다. 상대적으로 재원이 풍부하여 불교부단체로 되어 있는 이들 수도권 3대 시도에 지방세수가 집중되어 있다. 여기에 부산 등 광역시를 합친 대도시권 광역시도의 지방세수는 32조 6,769억원으로 지방세수의 75.1%를 차지하고 있다. 이러한 지방세수의 수도권 나아가 대도시권에의 집중은 현행 지방세제의 문제점이지만, 거의 개선이 되지 않고 있다.

[표 3-8] 지방세수 분포 (단위: 억원, %)

구 분	세 수	비 중	구 분	세 수	비 중	구 분	세 수	비 중
서울	118,858	27.3	울산	10,401	2.4	전남	11,276	2.6
부산	25,809	5.9	경기	114,653	26.3	경북	18,675	4.3
대구	15,981	3.7	강원	10,979	2.5	경남	25,652	5.9
인천	22,072	5.1	충북	10,773	2.5	제주	4,471	1.0
광주	8,772	2.0	충남	16,493	3.8			
대전	10,223	2.3	전북	10,154	2.3	합 계	435,243	100.0

주: 2007년 결산기준.
자료: 행정안전부, 「지방세정연감」, 2008.

지금까지 지방세제·재정의 현황을 살펴본 결과, 지출책임과 재원조달책임간의 괴리, 재산과세 위주의 세수구조, 지방세수 분포의 불균형이라는 문제가 있음을 알 수 있다.

이러한 3가지 문제점은 지방자치 실시 이전부터 거론되던 것으로 지방자치가 실시된 지 십여 년이 지난 현재까지도 해결되지 않고 있다. 그 이유는 이러한 3가지 문제가 상호 연계가 깊어서 개별적으로는 방안을 모색해서는 해결되지 않으며, 동시에 개선방안을 모색하여야 되기 때문이다.

또한 이러한 문제의 해결에는 자치단체뿐만이 아니라 중앙정부의 지방자치 발전을 위한 긍정적인 의식과 적극적인 협력이 필요하기 때문이다.

우선, 재산과세 위주의 세수구조를 개선하기 위해서는 소득·소비과세의 확충이 필요한데, 소득·소비세원은 주로 국세에 집중되어 있어 이를 위해서는 중앙정부의 소득·소비 관련 세원이양이 필요하다.

그러나 지방세수기반을 확충하기 위해서 중앙의 세원을 지방으로 이전하려고 해도 상대적으로 세원이 풍부한 불교부단체에게 추가로 세원이 이양되기 때문에 세원이양에 어려움이 있다. 또한 중앙정부의 세원이양으로 감소되는 국가재원을 보전하기 위해서는 이전재원이 감소가 필요한데, 이전재원 감소는 지방재정 불균형을 심화시킬 우려가 있다.

이렇게 지방세제·재정은 상호 연관성이 깊고 경합관계에 있는 경우가 많아 어느 한 문제의 해결이 다른 문제를 악화시킬 수 있어서 개선에 어려움이 있다. 따라서 이러한 문제점을 개선하려면, 지방세제뿐만 아니라 지방재정 조정제도까지 포함시켜 동시에 개선방안을 모색하여야 한다.

지방교부세는 행정운영에 필요한 재원을 교부하고 그 재정을 조정함으로써 지방재정의 건전한 발전을 기하기 위하여 국세 수입중 내국세의 일부를 지방자치단체에 지원하는 재원이다. 지방교부세는 보통교부세와 특별교부세, 분권교부세로 구분·운영하고 있으며, 그 재원은 1983년도에는 내국세의 13.27%이었으나 2007년도부터 19.24%로 상향 조정되었다. 내국세 중 목적세(교육세, 교통세, 농특세)와 특별회계에 사용하는 재원(주세)은 제외하고 있다. 2007년도 지방교부세 총 재원은 내국세 117조 5,895억원의 19.24%인 22조 6,242억원이다. 이 중 분권교부세 재원인 내국세의 0.94%인 1조 1,053억원을 제외한 21조 5,189억원 중에서 지방양여금 폐지에 따른 도로사업보전분 8,500억원을 제외한 20조 6,689억원의 4%인 8,268억원이 특별교부세 재원이며, 나머지 96%인 19조

8,421억원이 재정부족 보전분 보통교부세 재원이다(보통교부세 산정내역, 2007).

조정교부금은 자치구 상호간의 재원을 조정하기 위하여 지방자치법 제160조와 지방자치법 시행령 제57조의 규정에 의하여 당해 지방자치단체의 조례가 정하는 바에 따라 사용 용도를 지정하지 아니하고 지원하는 일반재원이다. 광역시세중 취득세·등록세의 일정률로서 그 교부율은 서울 50%, 부산 51%, 대구 52%, 인천 50%, 광주 70%, 대전 68%, 울산 58%로 규정하고 있다.

재정보전금은 지방재정법 제29조의 규정에 의하여 광역시, 도가 시군구에서 징수하는 광역시·도세(공동시설세와 지방교육세 제외)의 일정률에 해당하는 금액을 재정보전금으로 지원하고 있다. 인구 50만 이상의 시, 자치구가 아닌 구가 설치되어 있는 시는 47%, 기타 시군자치구는 27%이다. 재정보전금은 일반재정보전금으로 90%, 시책추진보전금으로 10%를 배정하고 있다. 시책추진보전금은 시장·군수가 요청하는 사업 또는 시·도지사가 필요하다고 인정하는 사업에 사용하고 있다.

제 3 절 지방소득과세 현황

1. 주민세 소득할

정부가 발표한 지방소득세 도입방안을 살펴보면, 지방소득세를 단계적으로 도입하는 것으로 되어 있다. 우선 2010년에는 지방세목 중 소득과세적 성격을 가진 주민세 소득할과 사업소세 종업원할을 통합하여 지방소득세라는 명칭으로 신세목 형태로 도입한다. 또한 중앙·지방간 세수 중립 및 납세의무자 부담 불변을 위하여 지방소득세의 과세표준과 세율은 현행과 동일하게 유지한다. 그리고 2013년부터는 우선 지방소득세의 과세자주권을 강화하고, 중앙정부 정책의 영향을 차단하기 위하여 과세표준을 소득세액 또는 법인세액에서 개인소득액, 법인소득액으로 변경하고, 지방정부의 세율결정권을 강화하는 방안으로 개편하는 방안을 제시하고 있다.

본 절에서는 지방소득세와 관련이 깊은 지방세목인 주민세 소득할과 사업소세 종업원할에 대하여 살펴보기로 한다. 주민세는 1976년 특별·광역시세 및 시군세로서 도입되었는데, 주민세는 소득할과 균등할로 구분된다. 소득할은 법인세할, 소득세할, 농업소득세할로 세분되며, 균등할은 법인균등할과 개인균등할로 세분된다. 소득할은 소득세, 법인세, 농업소득세의 세액을 과세표준으로 부가세 형태로 과세되고 있는 지방소득과세의 중심이라고 할 수 있다. 균등할은 인두세적인 성격의 조세로 주민이 지방자치단체의 구성원으로 자신이 속한 지방자치단체에 납부하는 최소한도의 기본회비에 해당된다고 할 수 있다.

주민세 소득할 중 법인세할은 법인세액을 과세표준으로 10% 세율로 과세되며, 소득세할은 소득세액을 과세표준으로 10%세율로 과세된다. 주민세 법인 균등할의 납세의무자는 특별·광역시와 시군 내에 사무소 또는 사업소를 둔 법인이며, 법인의 자본금과 종업원수에 따라 50,000원에서 500,000원까지 5단계의 정액세

[표 3-9] 주민세 소득할 표준세율

구 분	세 율
소득세할	소득세액의 100분의 10
법인세할	법인세액의 100분의 10
농업소득세할	농업소득세액의 100분의 10

율로 과세한다. 주민세는 시장·군수가 조례가 정하는 바에 의하여 세율을 표준세율의 100분의 50의 범위 안에서 가감조정할 수 있도록 탄력세율을 허용하고 있다.

주민세 법인세할의 납세의무자는 내국법인 및 국내 원천소득이 외국법인이다. 법인 기업들은 법인세를 본사에서 일괄 납부한다. 그런데 법인의 사업장이 여러 자치단체에 소재할 경우 지방세인 주민세 법인세할을 법인세 납세지인 본점 소재지 자치단체에 납부하도록 한다면 지방세인 주민세의 취지에 어긋나게 된다. 따라서 사업장이 2곳 이상의 자치단체에 소재하는 법인기업은 종업원수와 건축물 연면적을 반영한 안분기준에 따라 그 소재지를 관할하는 자치단체에게 주민세 법인세할을 납부하도록 하고 있다. 주민세 법인세할의 안분기준은 다음과 같다(지방세법 §175, 시행령 §130조의5).

법인세할 주민세의 지역별 안분기준

= 법인세총액×{(당해 시·군내 종업원 수 ÷ 법인의 총 종업원 수)
+(당해 시·군내 건축물 연면적 ÷ 법인의 총 건축물 연면적)÷2
×당해 시·군의 세율}

[표 3-10] 주민세의 세수구조 (단위: 백만원, %)

구 분	세 수	비 중	구 분	세 수	비 중
소득할	7,646,589	97.8	균등할	174,948	2.2
소득세할	4,358,473	55.7	개인균등할	137,040	1.7
법인세할	3,288,116	42.0	법인균등할	37,908	0.5
농업소득세할	-	-	합 계	7,821,537	100.00

자료: 행정안전부, 「지방세정연감」, 2008.

주민세의 세수구조를 살펴보면 다음과 같다. 2007년 부과 기준으로 주민세 총액은 7조 8,215억 37백만원으로 지방세 43조 5,242억 89백만원의 18.0%를 차지한다. 주민세 중 소득할은 7조 6,465억 89백만원으로 97.8%를 차지하며 균등할은 1,749억 48백만원으로 2.2%를 차지한다. 소득할 중 소득세할은 4조 3,584억 73백만원으로 55.7%를 차지하며, 법인세할은 3조 2,881억 16백만원으로 42.0%를 차지한다. 균등할 중 개인균등할은 1,370억 40백만원으로 1.7%를 차지하며, 법인균등할은 379억 8백만원으로 0.5%를 차지한다.

2001년~2007년 동안 지방세가 63.2% 증가한 데 비해 주민세는 97.6% 증가하였는데, 소득할은 99.7% 증가하였고, 균등할은 33.7% 증가하였다. 동 기간 중 소득할에서 소득세할은 99.5% 증가하였고, 법인세할은 100.2% 증가하였다. 그리고 농업소득세할은 2005년부터 농업소득세가 과세중지 상태이므로 과세하지 않고 있다. 균등할은 세수 규모도 작지만 증가율도 낮은데, 2001년~2007년간 개인균등할의 증가율은 32.3%에 불과하고 법인균등할

[표 3-11] 연도별 주민세 과세현황 (단위: 백만원, %)

구 분	2001	2002	2003	2004	2005	2006	2007
소득할	3,827,733	4,131,663	4,813,508	5,229,754	5,794,751	6,513,626	7,646,589
	100.0	107.9	125.8	136.6	151.4	170.2	199.7
소득세할	2,185,069	2,207,728	2,347,145	2,696,274	2,909,205	3,567,374	4,358,473
	100.0	101.0	107.4	123.4	133.1	163.3	199.5
법인세할	1,642,516	1,923,647	2,465,993	2,533,116	2,885,545	2,946,252	3,288,116
	100.0	117.1	150.1	154.2	175.7	179.4	200.2
농 업 소득세할	148	288	370	364	1	-	-
	100.0	194.3	249.7	245.9	0.5	-	-
균 등 할	130,864	138,858	147,044	153,620	161,056	168,250	174,948
	100.0	106.1	112.4	117.4	123.1	128.6	133.7
개 인	103,548	109,900	116,665	122,002	127,180	132,820	137,040
	100.0	106.1	112.7	117.8	122.8	128.3	132.3
법 인	27,316	28,958	30,379	31,619	33,875	35,430	37,908
	100.0	106.0	111.2	115.8	124.0	129.7	138.8
주민세계	3,958,597	4,270,521	4,960,552	5,383,374	5,955,807	6,681,875	7,821,537
	100.0	107.9	125.3	136.0	150.5	168.8	197.6
지 방 세	26,664,879	31,525,744	33,132,943	34,201,705	35,977,359	41,293,702	43,524,289
	100.0	118.2	124.3	128.3	134.9	154.9	163.2

의 증가율도 38.8%에 불과하다.

주민세가 지방세에서 차지하는 비중을 살펴보면 다음과 같다. 주민세는 특별·광역시에서는 광역자치단체세인 시세이지만,

도에서는 기초자치단체세인 시군세이다. 따라서 주민세 세수가 시세와 시군세에서 차지하는 비중을 살펴보는 것이 주민세가 지방세에서 차지하는 위상을 보다 정확하게 파악할 수 있다.

특별·광역시세에서 차지하는 주민세의 비중을 2007년 결산기준으로 살펴보면, 주민세 수입은 4조 4,301억 66백만원으로 특별·광역시세 수입 18조 4,980억 79백만원의 23.9%를 차지한다. 주민세 중 소득할은 4조 3,454억 5백만원으로 특별·광역시 세수의 23.5%를 차지하며, 균등할은 847억 61백만원으로 0.5%를 차지한다. 그리고 소득할중 소득세할은 14.3%, 법인세할은 9.2%를 차지하고 있다. 시세에서 차지하는 주민세의 비중을 2007년 결산기준으로 살펴보면, 주민세 수입은 2조 9,251억 39백만원으로 시세 수입 8조 9,681억 26백만원의 32.6%를 차지한다. 주민세 중 소득할은 2조 8,511억 44백만원으로 시세 수입의 31.8%를 차지하며, 균등할은 739억 95백만원으로 0.8%를 차지한다. 그리고 소득할중 소득세할은 17.2%, 법인세할은 14.6%를 차지하고 있다. 군세에서 차지하는 주민세의 비중을 2007년 결산기준으로 살펴보면, 주민세 수입은 4,662억 31백만원으로 군세 수입 1조 5,243억 25백만원의 30.6%를 차지하고 있다. 주민세 중 소득할은 4,500억 40백만원으로 군세 수입의 29.5%를 차지하며, 균등할은 161억 91백만원으로 1.1%를 차지하고 있다. 또한 소득할중 소득세할은 11.7%, 법인세할은 17.8%를 차지하고 있다.

[표 3-12] 특별·광역시와 시·군별 주민세 현황 (단위: 백만원, %)

구 분	특별·광역시	시	군	합 계
소득할	4,345,405	2,851,144	450,040	7,646,589
	23.5	31.8	29.5	17.6
소득세할	2,640,661	1,539,506	178,306	4,358,473
	14.3	17.2	11.7	10.0
법인세할	1,704,744	1,311,628	271,734	3,288,116
	9.2	14.6	17.8	7.6
농업소득세할	-	-	-	-
	-	-	-	-
균등할	84,761	73,995	16,191	174,948
	0.5	0.8	1.1	0.4
개인균등할	65,655	59,049	12,337	137,040
	0.4	0.7	0.8	0.3
법인균등할	19,106	14,947	3,855	37,908
	0.1	0.1	0.3	0.1
주민세 합계	4,430,166	2,925,139	466,231	7,821,537
	23.9	32.6	30.6	18.0
지방세	18,498,079	8,968,126	1,524,325	43,524,289
	100.0	100.0	100.0	100.0

2. 사업소세

1976년 신설된 사업소세는 환경개선 및 정비에 필요한 비용에 충당하기 위하여 시·군내에 사업소를 둔 자(이하 사업주)로부터 징수하는 목적세로서 종업원할과 재산할이 있다. 종업원할의

[표 3-13] 사업소세 개요

구 분	세 율	면세점	과 세	가산세
종업원할	급여총액의 0.5%	종업원 50인 이하	매월 납부할 세액을 다음달 10일까지 신고·납부	- 신고불성실 : 산출세액 또는 부족세액의 20% - 납부불성실 : 산출세액 또는 부족세액×3/10,000×지연일수
재산할	㎡당 250원	330㎡ 이하	매년 납부할 세액을 7월 1일~7월 31일 납기로 신고·납부	

납세의무자는 종업원[2]에게 급여를 지급하는 사업주이며, 종업원에게 지급한 당해 월급여 총액[3]을 과세표준으로 100분의 0.5의 세율로 과세한다. 재산할의 납세의무자는 매년 7월 1일 현재 사업소[4] 과세대장에 등재된 사업주이며, 사업소 연면적[5]을 과세표준으로 하여 1㎡당 250원의 세율로 과세한다.

2007년 부과 기준으로 사업소세 총액은 7,358억 69백만원으로 지방세 43조 5,242억 89백만원의 1.7%를 차지한다. 사업소세 중 종업원할은 6,209억 90백만원으로 84.4%를 차지하며 재산할은 1,148억 79백만원으로 15.6%를 차지한다. 2001년~2006년 동안 지방세가 63.2% 증가한데 비해 사업소세는 67.7% 증가하였는데, 종업원할은 75.7% 증가하였으며, 재산할은 34.5% 증가하였다.

2) 종업원 : 사업소에 근무하거나 사업소로부터 급여를 지급받는 임원·직원 기타 종사자로서 대통령령으로 정하는 자.
3) 종업원의 급여 총액 : 사무소 또는 사업소의 종업원에게 지급하는 봉급·임금·상여금 및 이에 준하는 성질을 가지는 급여로서 대통령령으로 정하는 것.
4) 사업소 : 사업 또는 사무를 수행하기 위하여 설치한 인적 및 물적 설비로 이루어 지는 장소.
5) 사업소 연면적 : 건축법 제2조 제1항 제2호의 규정의 건축물과 이와 유사한 건축물.

[표 3-14] 연도별 사업소세 과세현황 (단위: 억원, %)

구 분		2001	2002	2003	2004	2005	2006	2007
종업원할		353,388	388,120	433,746	472,259	520,776	569,184	620.990
		100.0	109.8	122.7	133.6	147.4	161.1	175.7
재산할		85,420	88,324	95,972	99,729	104,805	113,743	114,879
		100.0	103.4	112.4	116.8	122.7	133.2	134.5
사업소세		438,808	476,445	529,718	571,988	625,580	682,927	735.869
		100.0	108.6	120.7	130.4	142.6	155.6	167.7
지방세		26,664,879	31,525,744	33,132,943	34,201,705	35,977,359	41,293,702	43,524,289
		100.0	118.2	124.3	128.3	134.9	154.9	163.2

주: 사업소세는 부과기준이며, 지방세는 징수기준임.
자료: 행정안전부, 「지방세정연감」, 각년도.

사업소세가 지방세에서 차지하는 비중을 살펴보면 다음과 같다. 사업소세는 기초자치단체세인 시군구세이다. 따라서 사업소세 세수가 시군구세에서 차지하는 비중을 살펴보는 것이 사업소세가 지방세에서 차지하는 위상을 보다 정확하게 파악할 수 있다.

시군구세에서 차지하는 사업소세의 비중을 2007년 부과기준으로 살펴보면, 사업소세 수입은 7,358억 69백만원으로 시군구세 수입 12조 9,358억 68백만원의 5.7%를 차지한다. 사업소세 수입 중 종업원할은 6,209억 90백만원으로 시군구세 수입의 4.8%를 차지하며, 재산할은 1,148억 79백만원으로 0.9%를 차지한다. 사업소세의 자치단체 유형별로 비중을 살펴보면, 사업소세는 시세의 3.5%, 군세의 3.5%에 불과하지만, 자치구세에서는 15.1%로 상대적으로 높은 비중을 차지하고 있다. 이렇게 사업소세가 자치구세에서 차지하는 비중이 높은 이유는 시군세는 9개 세목인 데 비해, 자치구세는 재산세, 면허세, 사업소세의 3개 세목으로 되어 있기 때문이다. 따라서 사업소세 세수 증대는 도시지역인 자치구의 세수 확충에 큰 기여를 할 것으로 예상된다. 도시지역인 자치구는 시군에 비해 환경문제가 중요하고 관련 행·재정수요가 크므로 환경관련 목적세인 사업소세 확충의 필요성이 상대적으로 클 것으로 생각한다.

[표 3-15] 시·군·구별 사업소세 현황 (단위: 백만원, %)

구 분	시	군	구	합 계
종업원할	255,028	37,233	328,729	620,990
	2.8	2.4	13.5	4.8
재 산 할	57,760	16,021	41,098	114,879
	0.6	1.1	1.7	0.9
사업소세	312,788	53,254	369,826	735,869
	3.5	3.5	15.1	5.7
시군구세	8,968,126	1,524,325	2,443,417	12,935,868
	100.0	100.0	100.0	100.0

주: 사업소세는 부과기준이며, 지방세는 징수기준임.
자료: 행정안전부, 「지방세정연감」, 2007.

제 4 장

OECD 국가의 재정분권 및 쟁점

제 1 절 OECD 국가들의 최근동향

1. 세수구조 및 지방세 비중

외국의 조세제도는 국가에 따라 정부계층구조가 다르고 사회적인 배경이 다르기 때문에 직접적으로 우리나라의 조세구조와 비교하기에는 한계가 있다. 그럼에도 불구하고 OECD 국가의 전반적인 소득, 소비, 그리고 재산과세의 세수구조는 우리나라의 조세구조에 어느 정도 기준이 될 수 있다. 특히 지방정부의 역할과 기능이 확대되어 지방세수에 대한 수요가 증대하고 있는 상황에서 OECD 국가의 세수구조에 대한 고찰은 의미가 있다.

가. 세원별 세수구조

OECD의 30개 국가를 중심으로 먼저 국세와 지방세를 망라한 조세의 세원별 세수구조를 살펴보고자 한다. [표 4-1]은 OECD 국가를 대상으로 조세의 세원별 세수구조를 나타낸 표인데, 전체적으로는 소득과세 비중이 61.9%, 소비과세 비중이 31.5%, 재산과세 비중이 5.7%로 소득과세가 중심을 이루고 있는 것으로 나타났다.

이러한 세원별 세수구조는 다소 차이는 있지만 모든 국가군에서 소득과세가 중심으로 되어 있음을 알 수 있다. 그러나 국가별로 살펴보면 다소 다른 형태로 되어 있음을 알 수 있다. 세수구조에서 차지하는 소득과세의 비중이 70% 이상 되는 국가는 미국(72.1%), 일본(72.0%), 스웨덴(70.6%) 순으로 매우 높은 것을 알 수 있다. 반면에 멕시코(41.3%)와 터키(44.0%)의 소득과세 비중은 소비과세보다 낮은 것으로 나타났다. 우리나라의 소득과세 비중(50.8%)도 OECD 국가 중에서는 낮은 편에 속하는 것으로 나타났다. 한국, 영국, 미국, 캐나다는 재산과세 비중이 10%를 넘어 상대적으로 재산과세의 비중이 높다고 할 수 있으며, 이외의 국가에서는 재산과세 비중이 모두 10% 미만이다.

단일형 국가의 지방세 세수구조는 다음의 표에서 보듯이 국세의 세원별 세수구조와 차이가 있다. 지방세의 세원별 세수구조는 소득과세의 비중이 39.4%, 소비과세의 비중이 21.3%, 재산과세가 34.5%로 구성되어 있다. 지방세의 세원별 세수구조는 국세구조에 비하여 세원간의 차이가 크지 않은데, 특히 재산과세의

[표 4-1] OECD 국가의 세원별 세수구조(2006) (단위: %)

국 가	소득과세	소비과세	재산과세	기타	국 가	소득과세	소비과세	재산과세	기타
캐나다	65.5	24.3	10.1	0.3	룩셈부르크	62.5	27.9	9.3	0.1
멕시코	41.3	56.3	1.6	0.8	네덜란드	63.4	30.5	4.7	0.5
미국	72.1	16.8	11.1	-	노르웨이	69.9	27.3	2.7	-
호주	63.7	27.1	9.1	-	폴란드	57.9	38.1	3.7	-
일본	72.0	18.6	9.1	0.3	포르투갈	55.7	40.6	3.1	0.4
한국	50.8	32.6	13.2	3.3	슬로바키아	59.3	38.7	1.5	-
뉴질랜드	62.1	32.7	5.2	0.0	스페인	64.3	27.2	9.0	0.5
오스트리아	69.7	27.7	1.4	1.0	스웨덴	70.6	26.1	3.0	0.1
벨기에	68.2	25.6	5.1	0.1	스위스	69.0	23.0	8.0	-
체코	68.2	30.2	1.2	0.0	터키	44.0	48.7	3.6	3.8
덴마크	62.6	33.2	3.8	0.0	영국	58.2	29.0	12.4	-
핀란드	66.0	31.1	2.5	0.1	프랑스	63.8	24.8	8.0	3.3
독일	68.8	28.4	2.5	0.0	OECD Total	61.9	31.5	5.7	0.7
그리스	59.2	36.0	4.4	-	OECD America	59.6	32.5	7.6	0.3
헝가리	58.3	38.4	2.2	0.8	OECD Pacific	62.2	27.8	9.2	0.9
아이슬랜드	52.1	42.3	5.3	0.3	OECD Europe	62.2	32.0	4.8	0.7
아일랜드	54.0	36.5	9.1	-	EU19	62.8	31.3	4.8	0.7
이탈리아	63.0	25.6	5.1	6.0	EU15	63.2	30.0	5.6	0.8

주: 사회보장기여금은 소득과세에 포함.
자료: OECD, *Revenue Statistics*, 2008, p. 100.

비중이 소득과세보다는 약간 적고 소비과세보다는 높은 것을 알 수 있다.

국가별로 살펴보면, 지방세의 세수구조에서 차지하는 소득과세의 비중이 가장 높은 국가는 스웨덴으로 소득과세 비중이 100.0%이다. 재산과세의 비중이 높은 국가로는 아일랜드, 영국, 뉴질랜드가 대표적인 국가로 지방세수에서 차지하는 재산과세비중이 각각 100.0%, 100.0%, 90.1%로 나타났다. 그리스, 프랑스, 한국, 네델란드의 경우에는 지방세수에서 차지하는 재산과세 비중이 각각 68.1%, 52.3%, 50.8%, 49.8%로 재산과세의 집중도가 높다.

[표 4-2] 지방세 세원별 세수구조(단일형 국가) (단위: %)

국 가	소득과세	소비과세	재산과세	기타	국 가	소득과세	소비과세	재산과세	기타
체코	54.7	42.4	2.9	0.0	네델란드	-	50.2	49.8	-
덴마크	93.2	0.1	6.7	-	뉴질랜드	-	9.9	90.1	-
핀란드	94.7	0.2	5.1	0.2	노르웨이	88.7	1.8	9.5	-
프랑스	-	16.5	52.3	31.2	폴란드	62.4	6.7	30.9	0.0
그리스	-	31.9	68.1	0.0	포르투갈	21.9	29.4	48.0	0.8
헝가리	0.0	76.6	23.1	0.2	슬로바키아	73.0	8.6	12.9	5.5
아이슬랜드	72.8	12.8	14.4	0.1	스웨덴	100.0	-	-	-
아일랜드	-	-	100.0	-	터키	28.9	43.4	12.7	14.9
이탈리아	19.9	26.7	14.3	39.1	영국	-	-	100.0	-
일본	51.1	19.9	28.1	1.0					
한국	15.1	5.3	50.8	28.8					
룩셈부르크	90.0	1.6	8.0	0.4	평 균	39.4	21.3	34.5	5.6

주: 사회보장기여금은 소득과세에 포함.
자료: OECD, *Revenue Statistics*, 2008, p. 256.

[표 4-3]은 단일형 국가의 지방세 소득과세를 개인과 법인으로 구분하여 살펴본 것이다. 21개 단일형 OECD 국가 중 14개국의 지방정부가 개인에게 소득세를 부과하고 있으며, 10개국은 법인에게도 법인소득세를 부과하고 있다. 개인에게는 부과하지만 법인에게는 부과하지 않는 국가는 아이슬랜드, 노르웨이, 슬로바키아, 스웨덴이다. 반면에 개인에게는 부과하지 않지만 법인에게 부과하는 국가로는 룩셈부르크가 있다. 개인과 법인에게 부과하는 소득과세의 비율이 매우 다양한데, 그 중에서 룩셈부르크의 법인소득세는

[표 4-3] 개인과 기업의 지방소득과세 구조(단일형 국가) (단위: %)

국 가	소득과세		소득과세/지방세	국 가	소득과세		소득과세/지방세
	개 인	기 업			개 인	기 업	
체코	25.7	29.0	54.7	네덜란드	-	-	-
덴마크	90.7	2.5	93.2	뉴질랜드	-	-	-
핀란드	86.5	8.2	94.7	노르웨이	88.7	-	88.7
프랑스	-	-	-	폴란드	48.2	14.2	62.4
그리스	-	-	-	포르투갈	9.1	12.9	21.9
헝가리	0.0	0.0	0.0	슬로바키아	73.0	-	73.0
아이슬랜드	72.8	-	72.8	스웨덴	100.0	-	100.0
아일랜드	-	-	-	터키	31.0	31.0	28.9
이탈리아	17.8	2.1	19.9	영국	-	-	-
일본	25.5	25.6	51.1	한국	8.3	6.7	15.1
룩셈부르크	-	90.0	90.0	평 균	31.4	31.4	39.4

주: 사회보장기여금은 소득과세에 포함.
자료: OECD, *Revenue Statistics*, 2008, p. 256.

지방세의 90%를 차지할 정도로 매우 높은 비율을 점하고 있다.

지방세에서 점하는 소득과세 비중이 높은 국가 순으로 스웨덴(100.0%), 핀란드(94.7%), 덴마크(93.2%), 룩셈부르크(90.0%), 노르웨이(88.7%) 등이다. 우리나라는 지방세에서 점하는 소득과세 비중(15.1%)이 가장 낮은 국가로 나타났다. 특히 지방에서 법인에게 소득세를 부과하고 있는 국가 중 비중이 높은 순으로 터키(31.0%), 체코(29.0%), 일본(25.6%) 등이 25% 이상을 상회하고 있고, 우리나라의 법인소득세(주민세 법인세할)는 6.7%로 덴마크(2.5%), 이탈리아(2.1%)와 더불어 법인소득세를 부과하고 있는 10개국 중 매우 낮은 비율을 보이고 있다.

나. 지방세 비중

OECD 국가들의 GDP 대비 지방세 비중을 보면 그리스의 0.3%에서 덴마크의 16.5%에 이르기까지 매우 다양하며, 멕시코를 제외한 연방제 국가들의 비중이 높다. 우리나라는 지방세수가 점하는 비중이 4.9%로 비교적 낮은 수준이다. 총조세 대비 지방세 비중의 경우 나라마다 큰 차이를 보이는데, 그리스는 0.9%에 불과한 반면, 호주, 캐나다, 덴마크, 독일, 스페인, 스웨덴, 스위스, 미국 등의 경우에는 30%를 초과하고 있다.

지난 20여 년 동안 총조세 대비 지방세 비중의 변화를 보면 오스트리아, 영국, 노르웨이 등은 5% 이상 감소된 반면, 벨기에가 24.4%로 가장 많은 변화를 보였고, 스페인, 이탈리아, 호주 등도 10%를 넘는 지방세 비중의 증가가 있었다. 우리나라의 경우에는 동 기간 동안 6.5%의 증가세를 보였다.

[표 4-4] OECD 국가들의 지방세 비중

국 가	총조세 대비 비중(%)			대GDP 비중(%)		
	지방세(A+B)	주(A)	지방(B)	지방세(A+B)	주(A)	지방(B)
호주	31.0	28.1	2.9	9.5	8.6	0.9
오스트리아	18.1	8.6	9.5	7.5	3.6	4.0
벨기에	29.1	24.0	5.1	12.9	10.7	2.3
캐나다	47.2	38.7	8.5	15.7	12.9	2.8
체코	14.7		14.7	5.4		5.4
덴마크	33.6		33.6	16.5		16.5
핀란드	21.1		21.1	9.2		9.2
프랑스	11.5		11.5	5.1		5.1
독일	30.5	22.2	8.3	10.9	7.9	3.0
그리스	0.9		0.9	0.3		0.3
헝가리	6.5		6.5	2.4		2.4
아이슬란드	24.2		24.2	10.0		10.0
아일랜드	2.1		2.1	0.7		0.7
이탈리아	15.4		15.4	6.5		6.5
일본	25.5		25.5	7.1		7.1
한국	18.2		18.2	4.9		4.9
룩셈부르크	4.4		4.4	1.6		1.6
멕시코	3.2	2.1	1.1	0.7	0.4	0.2
네덜란드	3.3		3.3	1.3		1.3
뉴질랜드	5.6		5.6	2.1		2.1
노르웨이	12.6		12.6	5.5		5.5
폴란드	12.0		12.0	4.0		4.0
포르투갈	6.2		6.2	2.2		2.2
슬로바키아	11.3		11.3	3.4		3.4
스페인	30.5	21.9	8.6	11.2	8.0	3.1
스웨덴	31.9		31.9	15.7		15.7
스위스	41.2	24.8	16.4	12.2	7.3	4.9
터키	8.3		8.3	2.0		2.0
영국	4.6		4.6	1.7		1.7
미국	33.7	19.9	13.8	9.4	5.6	3.9

자료: OECD, *Revenue Statistics*, 2008.

[그림 4-1] 총조세 대비 지방세 변화(1985-2006)

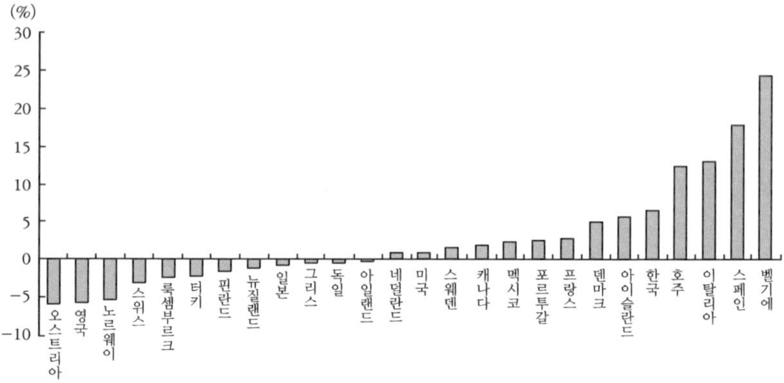

자료 : OECD, *Revenue Statistics*, 2008.

GDP 중 지방세 비율도 중요하지만 보다 중요한 것은 지방세입에서 차지하는 지방세 비중이다. 그 이유는 지방세입에서 차지하는 지방세의 비중이 높아야 지방의 재정자율성이 높아지기 때문이다. 만약 지방에서 지출해야 할 비용은 많은데, 지방세수가 적다면 상위정부로부터 이전되는 재원의 규모가 높아질 수밖에 없으므로 재정의 자율성은 상대적으로 떨어지게 된다.

[표 4-5]는 주요국의 지방세입에서 차지하는 지방세의 비중

[표 4-5] 지방세입 중 지방세수의 비중 (단위: %)

한국[1]	호주	캐나다	이탈리아	독일	프랑스	핀란드	노르웨이	스페인	영국
32.7	38.6	39.9	44.4	42.0	44.6	47.1	45.1	51.5	13.3

1) 행정자치부, 「지방재정연감」(2008), 세입예산 일반회계 기준.
자료 : *Government Finance Statistics*(2007), IMF.

을 나타내고 있다. 북유럽국가의 경우 지방세입에서 차지하는 지방세의 비중이 매우 높은 것으로 나타난 반면, 영국은 12.8%로 가장 낮게 나타났다. 우리나라의 경우도 32.7%로 영국 다음으로 낮은 것으로 나타났는데, 지방세입에서 차지하는 지방세의 비중이 낮으면 상위정부로부터의 이전재원에 의존해야 하는 비율이 높아지기 때문에 지방재정의 자율성은 낮을 수밖에 없는 상황이다(이영희 · 김대영, 2008).

2. 정부간 세원공유(tax sharing arrangements)

세원공유(tax sharing)는 세원을 중앙과 지방정부 간에 수직적으로 배분하거나 지방정부간에 수평적으로 배분하는 제도이다. 전통적인 세원배분은 독립세원방식을 선호하였으나 최근 OECD 국가를 중심으로 정부간 세원을 공유하여 세수 증대를 도모하는 경향이 강하다.

세원을 공동으로 활용하는 국가에서 개별 지방정부는 세율이나 과표의 결정권한이 없기는 하나, 배분공식이나 세율의 변화와 관련하여 지방정부는 의사결정과정에 참여하여 협상할 수 있다(OECDa, 2008). 세원공유는 일반적으로 배분되는 조세의 유형, 배분공식 변경의 법적 절차, 배분공식 조정의 빈도, 형평화 목적의 수행 정도 등 여러 가지 기준에 의해 사용되고 있다.

[표 4-6] 주요국의 세원공유제도

국 가	세 목	배분기준변경 및 근거법	산정주기	형평화 고려
호주	VAT	의회, 승인필요	4년	○
오스트리아	PIT, CIT, 재산세, VAT	의회, 재정형평화법	4년	○
벨기에	PIT	특별재정법		×
체코	PIT, CIT, VAT	정부, 조세배분법	부정기적	○
덴마크	PIT, CIT	정부, 조세공유법	매우 드물게	×
핀란드	CIT	정부, 조세공유법		×
독일	PIT, CIT, VAT	의회(Bundestag und Bundesrat)	1970년 이후 13번	○
헝가리	재산세	지방세법	2002년 이후 없음	○
이탈리아	PIT, VAT, 물품세	재정법	-	×
멕시코	VAT, CIT, PIT, 개별소비세	중앙정부, 조세공유법	매우 드물게	×
스페인	VAT, 물품세	의회	드물게	×
스위스	PIT	의회, 세법	2007년부터 새로운 산식	×
터키	대부분의 조세	의회, 지방세공유법	드물게	○

주 : PIT(personal income tax), CIT(corporate income tax), VAT(value added tax).
자료 : OECDa, "Progress Report on Statistics: Tax Autonomy, Intergovernmental Grants and the Dividing Line between Tax Sharing and Grants," Economics Department, December, 2008.

대부분의 세원공유 대상 세목은 개인소득세, 법인세, 부가가치세 등 주요 세목이 포함된다. 지방정부의 세원공유는 세수신장성이 매력적이며, 과표를 풀링(pooling)함으로써 과표의 이동성과 같은 지방과세의 잠재적 약점을 보완할 수 있다.

세원공유에 따른 배분공식의 변경 절차 등은 조세배분 및 재정형평화 등에 대한 법률에 대부분 명시되어 있다. 세원공유에 대한 대부분의 결정은 국회에서 결정되고, 일부 국가에서는 헌법에 명시되어 있으며 배분기준의 변경은 의회 승인을 요하도록 하고 있다.

우리나라의 경우에도 그 동안 중앙과 지방간 세원을 공유하는 제도를 활용하고 있는데, 대표적인 예가 소득세와 주민세 소득할, 교통세와 주행세 등이다. 지방소비세와 지방소득세가 시행되는 2010년부터는 세원공유제도가 보다 활성화될 것이다. 현 시점에서의 설계는 지방소비세는 호주, 오스트리아 등과 같이 형평성을 고려하게 될 것이고, 지방소득세는 해당 정부의 세율결정권에 역점을 두고 설계될 것이다.

이하에서는 최근 재정개혁을 바탕으로 지방소비세 또는 지방소득세가 도입되었거나 활성화되어 있는 일본, 캐나다, 스페인을 중심으로 보다 구체적으로 살펴보고자 한다. 일본은 잘 알려져 있듯이 최근 삼위일체개혁을 통해 지방분권을 강화시키고 있으며, 그 일환으로 지방소비세와 지방소득세가 확대되고 있다. 캐나다는 지방소비세의 설계가 비교적 잘 구축되어 활용되고 있는 국가이고, 스페인은 2002년 재정개혁을 통해 재정분권이 강화되어 지방세수가 두드러지게 확대되고 있는 국가이다.

제2절 일 본

1. 개 요

일본의 지방행정조직은 우리나라와 매우 유사한 2단계인 광역과 기초자치단체로 구분되어 있다. 따라서 지방세는 광역자치단체인 도부현세와 기초자치단체인 시정촌세로 구분된다. 일본도 우리나라와 동일하게 광역자치단체와 기초자치단체의 세목이 서로 다르고, 기초자치단체인 동경도 특별구의 경우 시정촌 세목과 다른 세목으로 구성되어 있다. 일본의 지방세목 수는 우리나라보다 많은 편이나 광역 및 기초자치단체의 기간세가 확립되어 있다고 할 수 있다. 도부현은 도부현민세, 사업세, 지방소비세가 기간세로 되어 있고, 시정촌은 시정촌민세, 고정자산세가 기간세로 되어 있다.

일본은 지방분권의 강화를 위하여 1995년 7월 지방분권추진법을 통과시켰으며 주요 내용은 세 가지로 요약할 수 있다.[1] 첫째, 국가와 지방간 역할 분담의 재조정, 둘째, 지방분권 추진을 위한 국고보조금제도 등의 재검토, 셋째, 총리부에 7인으로 구성된 「지방분권추진위원회」설립 등이다. 이를 토대로 1999년 7월 8일 지방분권일괄법이 제정되었으며, 이로 인해 2000년 4월 기관위임사무제도가 전면적으로 폐지되었다. 기관위임사무의 폐지는 2002년 6월 국가와 지방간 재원조정 등 분권개혁과 연계되어 「경제재

1) http://www.bunken.nga.gr.jp를 참조하여 정리하였음.

정운영과 구조개혁에 관한 기본방침 2002」의제를 채택하는 계기가 되어 삼위일체 개혁의 구상으로 연결되었다. 2007년 일본은 삼위일체(三位一體) 개혁으로 국세인 소득세의 3조엔을 지방세로 이양하였다. 이때 세율은 5%, 10%, 13%의 차등세율을 10%의 비례세율로 조정하여 세부담은 변하지 않도록 하였다. 이와 같은 일련의 분권개혁을 삼위일체 개혁이라고 부르는데 다시 정리하면 다음과 같다.

일본의 삼위일체 개혁은 그 동안 우리나라에 많이 알려져 있으며, 크게 세 가지로 요약할 수 있다. 첫째, 삼위일체 개혁은 지방분권의 일환으로 ① 지방세, ② 국고보조금, ③ 지방교부세에 대한 국가와 지방간 재원배분의 종합적인 개혁이다. 둘째, 2000년 「지방분권일괄추진법」을 제정하고 기능을 대폭이양한 후, 2002년부터 기능이양을 뒷받침하기 위한 재정분권 방안을 구체적으로 검토 한다. 셋째, 2006년 국고보조금 3.2조엔을 폐지하고 대신 국세인 소득세 중 3조엔을 지방세로 세원을 이양하여 자주재원의 증대를 꾀한다.

일본의 삼위일체 개혁은 우리나라의 지방소비·소득세의 도입을 촉발하는 계기가 되었다고 본다.

2. 세입현황

가. 세입구조

일본 지방자치단체의 지방세입은 일반재원과 기타재원으로 구분되는데, 일반재원은 자주재원인 지방세와 의존재원인 지방교부세, 지방특례교부금, 지방양여세로 구성된다. 그리고 기타재원은 의존재원 중 국고지출금과 자주재원 중 사용료·수수료 등과 지방채로 구성된다.

광역과 기초를 합친 지방세입의 구성을 살펴보면 다음과 같다. 2007년 결산기준으로 전체 지방세입규모는 91조 1,813억엔인데 이중 일반재원이 56조 4,961억엔(62.0%)을 차지하고, 기타재원은 34조 6,852억엔(38.0%)을 차지하고 있다. 지방세는 40조 2,668억엔으로 44.2%를 차지하고 있다. 광역자치단체인 도부현의 세입규모는 48조 2,458억엔인데, 이 중 일반재원의 규모는 29조 3,283억엔(60.8%)이며, 지방세 20조7,939억엔(43.1%), 지방양여세 1,774억엔(0.4%), 지방특례교부금 1,783억엔(0.4%), 지방교부세 8조 1,762억엔(16.9%)으로 구성되어 있다. 기초자치단체인 시정촌의 세입규모는 49조 4,994억엔인데, 이 중 일반재원은 29조 1,608억엔으로 58.9%를 차지하고 있으며, 지방세가 19조 4,728억엔(39.3%), 지방양여세 5,370억엔(1.1%), 지방특례교부금 1,336억엔(0.3%), 지방교부세가 7조 265억엔(14.2)을 차지하고 있다. 시정촌은 중앙정부로부터 지방교부세, 지방특례교부금, 지방양여세 등을 교부받을 뿐만 아니라, 도부현으로부터 지방소비세교부금, 자동차취득세 교부금 등을 교부받는데도 불구하고 지방세입에서 차지하는 지방세 비중은 39.3%로 도부현의 지방세 비중 43.1%보다 낮다.

[표 4-7] 지방세입의 구성 (단위 : 억엔, %)

구 분	도부현	비 중	시정촌	비 중	지방세입	비 중
지방세	207,939	43.1	194,728	39.3	402,668	44.2
지방교부세	81,762	16.9	70,265	14.2	152,027	16.7
지방특례교부금	1,783	0.4	1,336	0.3	3,119	0.3
지방양여세	1,774	0.4	5,370	1.1	7,145	0.8
이자할교부금	-	-	1,037	0.2	-	-
지방소비세교부금	-	-	12,880	2.6	-	-
골프장이용세교부금	-	-	427	0.1	-	-
특별지방소비세교부금	-	-	0.15	0.0	-	-
자동차취득세교부금	-	-	2,959	0.6	-	-
경유인취세교부금	-	-	1,254	0.3	-	-
소계(일반재원)	293,283	60.8	291,608	58.9	564,961	62.0
기타재원	243.647	39.2	203,386	41.1	346,852	38.0
세입합계	482,458	100.0	494,994	100.0	911,813	100.0

주 : 2007년 결산 순계기준.
자료 : 총무성, 「지방재정백서」, 2009.

나. 지방세 구조

일본의 지방세는 크게 보통세와 목적세, 그리고 법정세와 법정외세로 구분된다. 법정외세는 자치단체별로 조례에 의해서 부과할 수 있도록 되어 있어 상당히 복잡한 구조로 되어 있다.

일본의 지방세는 2007년 결산기준으로 도부현민세는 18조 6,641억엔인데, 이중 보통세가 17조 1,944억엔으로 92.1%를 차지하며, 목적세가 1조 4,696억엔으로 7.9%를 차지하고 있다. 보통세는 법정 보통세가 17조 1,639억엔이며, 법정외 보통세가 304억엔이다. 법정보통세의 구성을 살펴보면, 도부현민세 6조 2,140억엔(33.3%)이고, 다음으로 사업세가 5조 8,261억엔(31.0%)을 차지하며, 지방소비세 2조 5,692억엔(13.8%)이다. 시정촌민세는 21조 6,026억엔인데, 이중 보통세가 20조 614억엔으로 92.9%를 차지하며, 목적세가 1조 5,411억엔으로 7.1%를 차지한다. 보통세는 법정보통세가 20조 602억엔이며, 법정외 보통세가 12억엔이다. 법정보통세의 구성을 살펴보면, 시정촌민세가 10조 3,089억엔으로 47.7%를 차지하며, 다음으로 고정자산세가 8조 7,288억엔인 40.4%이다.

일본의 지방세를 세원별로 구분하여 살펴보면 소득과세가 지방세수에서 점하는 비중이 51.1%로 가장 높으며, 소비과세와 재산과세가 각각 19.9%와 29.1%로 되어 있다. 이러한 양상은 도부현과 시정촌에 따라 다르게 나타나는데, 도부현은 소득과세 58.6%, 소비과세 38.0%, 재산과세 3.4%로 구성되어 있어 소득과 소비과세의 비중이 매우 높다. 그러나 시정촌은 소득과세 45.0%, 소비과세 5.2%, 재산과세 49.9%로 구성되어 재산과세의 비중이 높다.

일본의 지방세가 총 조세에서 점하는 비중이 급격하게 증가하였는데, 이러한 결과는 앞에서 언급한 삼위일체 개혁과 맥을 같이 한다. 1990년에는 지방세 비중이 35%를 약간 하회하였는데, 2006년에는 40%를 초과하고 있다. 구체적으로 지방세의 구성을 세원별로 살펴보면 이해가 된다. 1995년부터 2006년까지 10년 기간을 살펴보면, 재산과세의 비중은 감소한 반면 소비과세의 비중

[표 4-8] 일본의 지방세 구조 및 구성비 (단위: 억엔, %)

지방세(402,668)					
도부현세		구 성 비	시정촌세		구 성 비
<보통세>	171,944	92.1	<보통세>	200,614	92.9
법정보통세	171,639	92.0	법정보통세	200,602	92.9
사업세	58,261	31.0	고정자산세	87,288	40.4
도부현민세	62,140	33.3	시정촌민세	103,089	47.7
지방소비세	25,692	13.8	시정촌담배세	8,530	3.9
자동차세	17,174	9.2	경자동차세	1,635	0.8
부동산취득세	4,844	2.6	광산세	18	0.0
도부현담배세	2,777	1.5	특별토지보유세	39	0.0
골프장이용세	603	0.3			
고정자산세	142	0.1			
수렵자등록세	-	0.0			
광구세	4	0.0			
법정외보통세	304	0.2	법정외보통세	12	0.0
<목적세>	14,696	7.9	<목적세>	15,411	7.1
법정목적세		7.8	법정목적세	15,392	7.1
경유거래세	10,338	5.5	입탕세	246	0.1
자동차취득세	4,247	2.3	도시계획세	12,015	5.6
입렵세	21	0.0	사업소세	3,129	1.4
			수리지익세	00	0.0
법정외목적세	88	0.0	법정외목적세	18	0.0
합 계	186,641	100.00		216,026	100.00

주 1) 각 도부현세는 지방재정백서「제11표 세입결산액 현황」의 지방세 결산액에서 동경도가 징수한 시정촌세 상당액을 공제한 액임.
2) 시정촌세는 지방재정백서「제11표 세입결산액 현황」의 지방세 결산액에 동경도가 징수한 시정촌세상당액을 가산한 액임.
3) 2007년 결산 순계기준임.

자료: 총무성,「지방재정백서」, 2009. 홈페이지
http://www.soumu.go.jp/menu_seisaku/hakusyo/chihou/21data/excel/s-013-2.xls
http://www.soumu.go.jp/menu_seisaku/hakusyo/chihou/21data/excel/s-013-4.xls

이 증가하였으며, 소득과세는 큰 변화가 없다. 신장성이 좋은 지방소비세의 도입은 지방세수의 증대에 큰 역할을 하였다고 볼 수 있다.

[표 4-9] 지방세의 세원별 세수구조 (단위: 억엔, %)

구 분	소득과세	소비과세	재산과세 등	합 계
지방세	186,428(51.1)	72,534(19.9)	106,100(29.1)	365,062(100.0)
도부현세	95,684(58.6)	62,074(38.0)	5,485(3.4)	163,243(100.0)
시정촌세	90,744(45.0)	10,460(5.2)	100,614(49.9)	201,819(100.0)
직접세	개인주민세 법인주민세 개인사업세 법인사업세	자동차세 경자동차세 광산세 수렵세 광구세	고정자산세 도시계획세 사업소세 특별토지보유세 수리지익세 (水利地益稅) 등	305,990(83.8)
간접세등		지방소비세 지방담배세 경유거래세 자동차취득세 골프장이용세 입욕세	부동산취득세	59,071(16.2)

주: 1. 소득과세, 소비과세, 재산과세 등 구분은 OECD 세입통계 구분에 의함.
2. 세수액은 2008년도 결산액임.
3. 도부현세의 구법(旧法)에 의한 세(특별지방소비세 포함)는 소비과세 · 간접세 등을 포함하고 있음.
4. 법정외세는 재산과세 등 간접세 등에 포함.
5. 표의 계수는 반올림하였으므로 합계와 일치하지 않을 수 있음.

자료 : http://www.soumu.go.jp/czaisei/czais.html

[그림 4-2] 일본의 총조세 대비 지방세 비중

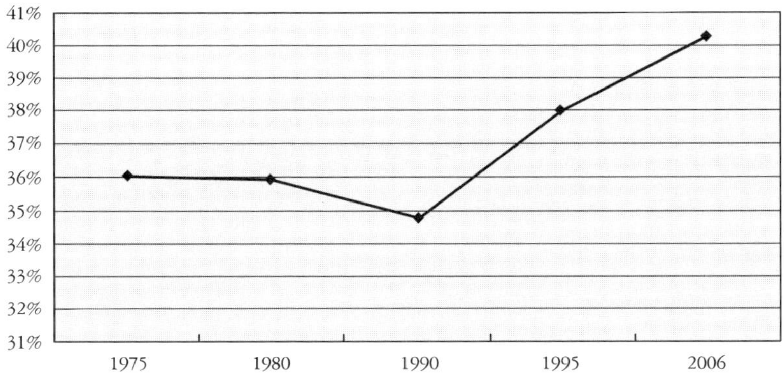

자료: OECD, *Revenue Statistics*, 2008.

[그림 4-3] 일본의 지방세수 구조

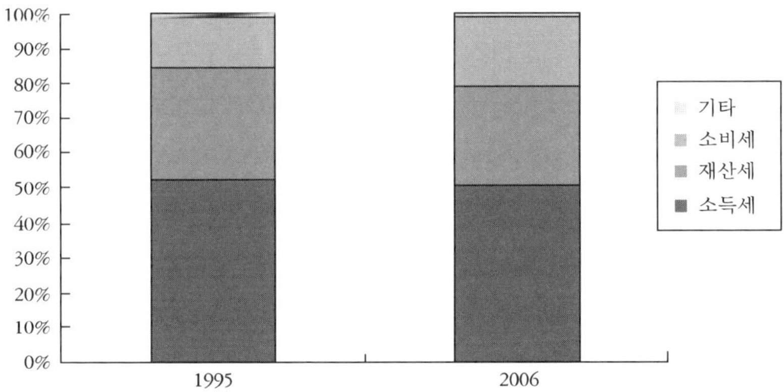

자료: OECD, *Revenue Statistics*, 2008.

3. 지방소비세

가. 추진배경[2)]

일본은 지방분권 추진의 일환으로 1997년 4월 1일 국세인 소비세의 세율을 5%로 인상하면서 그 중 1%를 지방소비세인 도부현세로 도입하였다. 시정촌(市町村)에 대해서는 지방소비세수의 1/2을 배분하도록 하고 있다. 지방소비세의 도입에 따라 그 동안 음식(7,500엔 이상)과 숙박업(15,000억엔 이상) 등에 소비세 8%를 부과하던 특별지방소비세는 2000년 3월 31일을 기해 폐지했다.

지방소비세의 도입은 1980년대 부가가치세의 도입과정에서부터 논의하기 시작하였다. 그 후 1990년대 후반 개인소득세의 감소에 따른 재원보전 대책의 일환으로 소비세율 인상이 논의되면서 지방소비세 도입은 다시 부각되었다. 지방소비세의 도입은 1993년 10월 지방6단체로 구성된 「지방자치확립대책협의회」의 요청에 의해 정부세제조사회에서 소비양여세를 지방소비세로 전환하는 방안을 검토하기 시작하였다. 지방소비세로의 전환에 대한 반대 의견은 많았으나 기본적으로 소비세방식이 양여세방식보다는 지방세원칙에 부합할 수 있다는 의견에는 크게 반대하지 않았다.

그 후 정부세제조사회의 「세제개정에 대한 답신(1994년 6월 21일)」은 소극론이 다수였던 1993년 11월과는 다르게 긍정과 부정적 의견의 거의 비슷한 수준으로 되었다. 지방소비세의 도입은 1994

2) 신두섭(2009)의 내부 회의자료를 참고하여 정리하였다.

년 신연립정권의 여당세제조사회에서 다시 부각되면서 본격적으로 논의되었다.

그러나 지방소비세의 본질적인 지방세로서의 원칙에 대한 성격을 둘러싼 자치성과 대장성 양성간의 견해차가 컸다. 그러나 지방소비세는 자치성에서 제안한 「소비지와 세의 귀속지 일치」를 위한 청산시스템을 기초로 부과징수사무의 세무서 위탁 및 세수 2분의 1의 시정촌에의 교부로 수정하여 동년 9월 20일 3대신(관방장관, 대장성, 자치성)의 합의가 성립, 동년 11월 25일 국회 통과, 97년 4월 1일 시행되었다.

나. 쟁 점

일본의 지방소비세 도입과 관련하여 문제가 되었던 부분은 부가가치세의 특성 때문인 것으로 우리나라에서도 문제가 되고 있는 세율결정권이 없다는 점이다. 부가가치세의 특성인 전단계 매입세액공제는 지방소비세를 부담하는 사람과 세입이 귀속되는 지역과 차이를 발생시키므로 인하여 자치단체가 세율결정권을 가질 수 없다. 따라서 부가가치세가 있는 국가에서는 지방소비세의 이러한 문제를 최소화시키기 위해 많은 노력을 하고 있다. 일본은 지방소비세가 지방세로서 갖고 있는 한계를 해결하는 방법으로 유럽연합의 부가가치세에서 많은 시사점을 얻고 있다.

유럽연합은 현재 가맹국간 역내 거래에서 조연지불방식을 사용하고 있다.[3] 유럽연합에서 가맹국간의 거래는 조세국경이 없음

3) 조연지불방식에서는 국내에서 부가가치세를 포함하여 5,000원에 판매되는 상품이라면, 수출할 때는 영세율을 적용하므로 4,000원으로 수출하게 된다. 조연지불방식은 조세국경이 없기 때문에, 수입국에서는 수입시 납부하는 부가

에도 불과하고 조세국경 폐지전의 수출과 마찬가지로 영세율을 적용하고 있다. 조연지불방식의 최대 장점은 세액공제청산방식과 같은 청산시스템 없이 부가가치세에 대한 지방정부(내지 가맹국)의 세율결정권을 완전하게 보장하고 있다는 것이다. 즉, ① 수출업자에게 주어진 영세율, 매입세액 환급의 자격을 조세국경(세관)에 의해서가 아니고, 증거서류(수입처 등록업자의 지불증명, 선적증명)로 확인하고 ② 수입시 납부하는 부가가치세의 과세시점을 조세국경 통과시점이 아니고 등록 수입업자의 최초판매시로 조연한다고 하는 조치를 강구하면, 경계통제 없이 세수는 사향지인 수입국에 귀속하고 또 세율결정권도 보증된다. 그러나 조연지불방식은 매입세액공제의 연쇄가 중단되어 버리기 때문에 독립세방식으로 실시한 경우에는 과세누락이 발생하기 쉽다는 약점이 있다. 예를 들면, 가맹국간 역내 거래에 대하여 수출이라고 해서 영세율을 적용하고, 실제로는 수출하지 않고 국내의 지하경제를 통해 상품을 매매하면서 매입세액을 사취하는 조세회피가 발생하기 쉽다(김대영, 2007).

일본은 1997년 4월 1일 지방소비세가 도입되기 전까지 원산지원칙의 지방소비세 등 다양한 논의가 있었지만, 실제로는 지방

가치세를 부과할 수 없다. 결과적으로 조연지불방식에서 수입국 매입업자는 국경 통과시점에 납부하던 부가가치세를 상품 매출할 때 수입국의 세율로 함께 납부하게 된다. 즉, 수입국의 매입자는 세를 뺀 부가가치 합계 10,000원에 대하여 15%의 세율을 포함한 11,500원으로 소비자에게 제품을 매도한다. 그러나 매입자는 1,500원에 대하여 공제할 수 있는 매입세액이 없기 때문에 수입시 납부하는 부가가치세를 포함한 1,500원을 수입국에 납부하게 된다. 매입자가 지불하는 부가가치세는 최종소비자에게 소매가격 10,000원으로 소비행위가 이루어진 수입국의 세율 15%를 곱한 금액과 일치한다. 보다 자세한 논의는 김대영(2007)을 참고하기 바란다.

정부에 세율결정권을 부여하지 않는 공동형 지방소비세를 도입하였다. 즉, 일본에서는 지방정부에 세율결정권을 보장하기 위하여 얻는 실익보다 이를 보장하기 위하여 발생되는 손실이 더 클 것이라는 판단에서 결국 지방소비세수를 “소비에 상당하는 액”을 기준으로 지방자치단체간 청산을 하는 공동형 지방소비세를 도입한 것이다(持田, 2004).

지방소비세는 국가가 징수한 것을 재배분하는 점에서는 폐지된 지방양여세의 명칭만 바꾼 것에 지나지 않는다는 부정적인 견해도 있었다. 그러나 소비양여세는 지방세가 아닌 국세로 간주될 뿐만 아니라 배분기준이 인구와 종업원수이기 때문에 배분기준의 변경은 지역간 세입배분의 변화를 수반하게 되는 문제가 있다(神野, 1995). 반면에 지방소비세는 도도부현 해당 지역의 “소비에 상당하는 액”을 기준으로 자치단체간에 청산하는 지방세이다.

“소비”는 상업통계의 도도부현(都道府縣)별 소매연간판매액수와 소매연간판매액수에 상당하는 소비 이외의 소비(소비에 관련되는 지표로 정령에 정하는 것을 기준으로 정령의 결정에 의해 산정)에 상당하는 액을 합계한 액이다. 일본의 국세인 소비세는 부가가치가 생산된 지역에서 과세가 이루어지는 생산지원칙으로 징수되고 있고, 국세인 소비세가 징수될 때 지방소비세도 동시에 징수된다. 따라서 지방소비세가 징수된 세무관서가 위치한 지역에 세수를 귀속시키면, 세부담자인 최종소비자가 위치하는 지역과 세수 귀속지역이 다르게 되므로 세부담지와 세수의 귀속지를 일치시키기 위하여 각 도부현에 납부된 지방소비세수를 각 도부현 등의 소비에 상당하는 액에 따라서 청산하도록 하고 있다.

[표 4-10] 도부현간의 청산 기준

기 준	비 중
「소매연간판매액(상업통계)」과 「서비스업 대개인사업 수입액(서비스업 기본통계)」의 합산액	6/8
「인구(국세조사)」	1/8
「종업원수(사업소 · 기업 통계)」	1/8

각 시정촌에 교부해야 하는 금액의 산정방법은 도부현간의 청산 후에 있는 도부현의 수입액의 1/2에 상당하는 액의 1/2액을 인구로 안분하고, 나머지 1/2의 액을 종업원수로 안분하는 것으로 되어 있다.

[표 4-11] 시정촌에 대한 교부의 기준

기 준	비 중
「인구(국세조사)」	1/2
「종업원수(사업소 · 기업 통계)」	1/2

4. 지방소득세

일본의 지방소득세는 지방세의 주민세라고 할 수 있다. 주민세는 도부현민세와 시정촌민세를 합한 것으로 개인과 법인이 모두 포함된다. 일본 지방소득세는 앞에서 논의한 바와 같이 2004년 발표한 삼위일체 개혁의 일환으로 세원이양을 통해 확대되었다. 일본은 2006년 국고보조금 3.2조엔을 폐지하고 대신 국세인 소득세 중 3조엔을 2007년 지방의 주민세를 통해 세원을 이양하여 자

[표 4-12] 세원이양 이후의 개인주민세 세율

구 분	도부현민세	시정촌민세
소득할	4%	6%
균등할	1,000엔	3,000엔

자료: 川ヒ尙貴 編著(2008), 『圖說日本の稅制』, 東洋經濟新報社.

주재원의 증대를 도모하였다. 2007년도 세원이양 이전의 국세 소득세 세율은 10%, 20%, 30%, 37%의 4단계로 구성되어 있었는데, 세원이양 이후는 5%, 10%, 20%, 23%, 33%, 40%의 6단계로 조정하면서 누진 과표구간의 세분화와 더불어 누진도를 강화하였다.

2007년의 소득세제 개혁은 중앙의 소득재분배 기능의 강화와 지방의 부담분임원칙의 확대에 목표가 있다. 지방의 편익원칙에 기초한 부담분임은 지방의 주민세를 통해서 강화하고 있다. 국세 소득세는 해당년도의 소득금액을 과표로 하고 있는데 비하여 지방세인 주민세 소득할은 전년도의 소득금액을 과표로 하고 있어 차이가 있다. 일본의 주민세 과세대상은 개인뿐만 아니라 법인도 포함하고 있다. 이때 주민세 소득할 세율은 세원이양 이전의 도부현민세(2%, 3%)와 시정촌민세(3%, 8%, 10%)의 차등세율을 10%의 비례세율로 조정하여 세부담은 변하지 않도록 하였다.

도부현 지방세 수입 중 도부현민세 비중은 33.3%, 시정촌 지방세 수입 중 시정촌민세 비중은 47.7%이다.[4] 도부현민세에서 주민세가 차지하는 비중은 개인분(25.8%), 법인분(6.3%), 이자할(1.1%) 순이며, 시정촌민세의 경우는 개인균등할이 0.8%, 법인균

4) 「2007년도 지방재정연감」(2009) 참조.

[표 4-13] 지방세의 세원별 세수구조 (단위 : %)

구 분	2004	2005	2006	2007	2008
소득과세	45.9	47.9	51.1	55.6	56.4
소비과세	21.7	20.7	19.9	17.8	16.9
재산과세	32.4	31.4	29.1	26.6	26.7

주 : 1. OECD 세입통계 구분기준에 따라 작성.
2. 2006년도까지는 결산액, 2007년도는 실적예상액, 2008년도는 지방재정계획에 따른 수입예상액을 더한 금액을 기초로 계산한 값.
3. 반올림하였으므로 합계와 일치하지 않는 경우 발생.

자료 : 川匕尙貴 編著(2008), 『圖說日本の稅制』, 東洋經濟新報社.

등할이 1.9%로 개인부담보다는 법인부담의 비중이 높다. 법인할에서는 법인세할이 대부분을 차지하며, 특히 주민세 중 소득할 부분에 대해서는 시정촌세의 경우 시정촌민세 47.7% 중 33.0%를 차지하고 있어 법인세할 12.1%보다 높다.

일본은 2007년 소득세 개혁 결과 지방세에서 점하는 소득과세의 비중이 높아졌다. 위의 표는 일본의 지방세 세원별 세수구조이다. 2004년 소득과세의 비중이 45.9%이었는데 비하여, 2007년과 2008년은 각각 55.6%와 56.4%이다. 이러한 결과는 주민세 소득할의 세율구조 개편에 따라 지방자치단체의 부담분임원칙이 강화되었기 때문이다.

5. 요 약

일본은 2001년 출범한 고이즈미 정권에서 지방재정개혁의 일환으로 추진한 삼위일체 개혁으로 지방세 등 자주재원 위주의 재정분권이 강화되었다. 삼위일체 개혁은 지방분권의 일환으로 ① 지방세, ② 국고보조금, ③ 지방교부세에 대한 국가와 지방간 재원배분의 종합적인 개혁이다. 2000년에 제정한 「지방분권일괄추진법」은 기능을 지방으로 대폭 이양하도록 하였으며, 이에 따라 2006년에 국고보조금 3.2조엔은 폐지되고 국세인 소득세 중 3조엔을 2007년 지방세로 세원을 이양하도록 하여 자주재원의 증대를 도모하였다.

일본의 2007년 소득세제 개혁은 중앙의 소득재분배 기능의 강화와 지방의 부담분임원칙의 확대에 목표가 있다. 지방의 편익원칙에 기초한 부담분임은 지방의 주민세를 통해서 강화하고 있다. 일본의 주민세 과세대상은 개인뿐만 아니라 법인도 포함하고 있는데, 소득개혁 이전에는 주민세 소득할이 도부현민세(2%, 3%)와 시정촌민세(3%, 8%, 10%)의 차등세율 구조를 지니고 있었다. 그러나 소득개혁 이후에는 납세자의 세부담이 변하지 않도록 하면서 10%의 비례세율로 개편하였다. 소득세 개혁의 결과 일본 지방세에서 점하는 소득과세의 비중은 그 이전에 비하여 증가하였다. 일본의 삼위일체 개혁은 우리나라의 지방소비·소득세의 도입을 촉발하는 계기가 되었다.

제3절 캐나다

1. 개 요

캐나다의 행정계층은 연방정부, 주정부(준주 포함), 지방정부의 3계층으로 구성되어 있다. 주는 10개의 주정부(Province)와 3개의 준주(Territories)로 구성되어 있다. 캐나다 연방은 퀘벡(Quebec), 온타리오(Ontario), 노바스코샤(Nova Scotia), 뉴브런즈윅(New Brunswick)의 4개주로 출발하였으나, 이후 매니토바(Mantioba, 1870), 브리티시 콜롬비아(British Columbia, 1871), 프린스에드워드섬(Prince Edward Island, 1873), 앨버타(Alberta, 1905), 서스케처원(Saskatchewan, 1905), 뉴펀들랜드(Newfoundland and Labrador)가 합쳐서 10개 주와 노스웨스트(Northwest Territories), 유콘(Yukon Territories) 등 2개의 준주로 구성되어 오다가 1999. 4. 1 누나브트(Nunavut Territories) 준주가 새로이 추가되어 현재 10개 주와 3개의 준주로 구성되어 있다. 준주는 주정부와 다르게 헌법적 지위를 갖지 못하며 연방정부의 통제하에 있으며, 세입의 상당부분을 연방정부에 의존하고 있다는 점에서 주정부와 상이하다.

캐나다의 전체 인구는 2009년 1월 기준으로 3,150만명 정도이나 인구의 대부분은 3~4개 주에 거주하고 있다. 그 중에서도 온타리오주와 퀘벡주에 전체인구의 62% 정도가 거주하고 있는데, 온타리오주에만 전체인구의 38% 정도가 거주하고 있으며, 퀘벡주에 24% 정도 거주하고 있다. 그리고 준주는 면적에 비해 거주 인구가 극소수이며 3개 준주는 각각 0.1%인 3~4만 정도의 인구가 거주하고 있다. 그리고 민간기업과 공공부문의 자본지출도 인구 거주가 많은 온타리오, 퀘벡, 앨버타, 브리티시 콜롬비아에 집중되어 있다.

2. 세입현황

가. 정부계층별 세입구조

캐나다 주정부 세입구조를 살펴보면 2009년 일반회계 예산기준으로 총세입 3,082억 99백만달러 중 자체수입은 2,477억 92백만달러로 80.4%를 차지하며, 이전수입은 605억 8백만달러로 19.6%를 차지한다. 자체수입 중 지방세수입은 1,885억달러로 61.1%를 차지하며 세외수입은 592억 92백만달러로 19.2%를 차지한다. 지방세수구조를 보면 소득과세가 956억 52백만달러로 31.0%, 소비과세가 644억 99백만달러로 20.9%, 재산과세가 86억 89백만달러로 2.9%를 차지하여 주정부의 지방세수구조는 소득·소비과세가 중심이며 재산과세 비중은 극히 미약한 것으로 나타나 있다.

캐나다 지방정부 세입구조를 살펴보면 2008년 일반회계 예산기준으로 총 세입 737억 59백만달러 중 자체수입은 579억 33백만달러로 78.5%를 차지하며 이전수입은 158억 26백만달러로 21.5%를 차지한다. 자체수입중 지방세수입은 375억 75백만달러로 50.9%를, 세외수입은 203억 58백만달러로 27.6%를 차지한다. 지방세수구조를 보면 재산과세가 365억 19백만달러로 49.5%, 소비과세가 1억 16백만달러로 0.2%를 차지하여 지방정부의 지방세수구조

[표 4-14] 주정부 세입구조 (단위: 백만달러)

구 분	2005	2006	2007	2008	2009
총 세 입	253,831	272,932	289,624	307,710	308,299(100.0)
1. 자체수입	205,028	222,590	238,144	249,645	247,792(80.4)
가. 조세수입	156,391	166,244	180,877	192,249	188,500(61.1)
소득과세	73,712	80,436	92,763	101,669	95,652(31.0)
소비과세	57,084	58,925	60,560	62,429	64,499(20.9)
재산과세	8,962	9,535	9,519	9,415	8,689(2.8)
기타과세	16,633	17,348	18,035	18,736	19,660(6.4)
나. 세외수입	48,637	56,345	57,267	57,396	59,292(19.2)
건강보험료	3,206	3,258	3,268	3,457	3,390(1.1)
사회보장기여금	8,375	9,123	10,368	10,399	10,678(3.5)
자산매각수입	7,085	7,499	7,549	7,893	7,935(2.6)
투자소득	29,380	35,624	35,334	34,893	36,480(11.8)
기타 자체수입	591	841	748	754	809(0.3)
2. 이전재원	48,803	50,341	51,479	58,065	60,508(19.6)
일반보조금	24,290	24,203	22,455	26,963	29,476(9.6)
특정보조금	24,513	26,138	29,024	31,102	31,032(10.1)

자료 : Statistics Canada, *CANSIM*, 385-0002.

[표 4-15] 지방정부 세입구조 (단위: 백만달러)

구 분	2004	2005	2006	2007	2008
총 세입	55,296	60,632	65,022	69,992	73,759(100.0)
1. 자체수입	45,997	48,895	51,875	55,983	57,933(78.5)
가. 조세수입	29,969	31,998	33,693	36,025	37,575(50.9)
재산과세	29,154	31,121	32,766	35,001	36,519(49.5)
소비과세	99	104	110	113	116(0.2)
기타과세	717	773	818	911	940(1.3)
나. 세외수입	16,027	16,898	18,182	19,958	20,358(27.6)
자산매각수입	12,433	13,301	14,351	15,765	16,029(21.7)
투자소득	2,777	2,742	2,889	3,117	3,220(4.4)
기타 자체수입	817	855	942	1,076	1,108(1.5)
2. 이전재원	9,299	11,737	13,147	14,009	15,826(21.5)
일반보조금	1,657	1,994	2,336	2,208	2,477(3.4)
특정보조금	7,642	9,743	10,811	11,801	13,349(18.1)

자료 : Statistics Canada, *CANSIM*, 385-0002.

는 재산과세 위주로 되어 있는 것으로 나타나 있다.

캐나다의 총조세 대비 지방세 비중은 1995년까지 상승하였으나 최근 하락하였다. 1995년 이후 지방세수구조는 재산세가 약간 감소하였으나 전반적으로 안정적이다.

[그림 4-4] 캐나다의 총조세 대비 지방세 비중

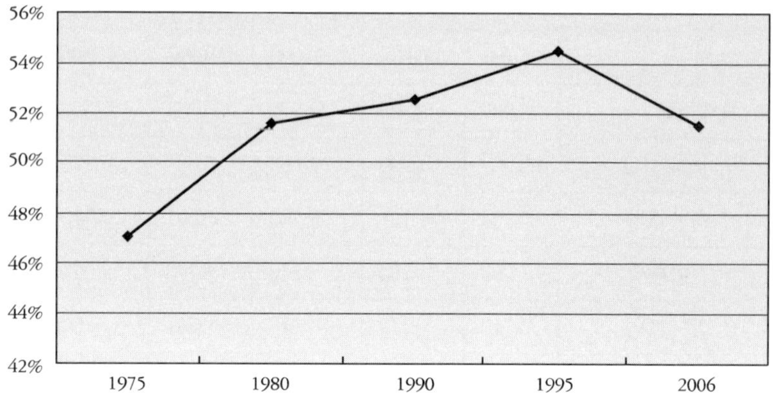

자료 : OECD, *Revenue Statistics*, 2008.

[그림 4-5] 캐나다의 지방세수 구조

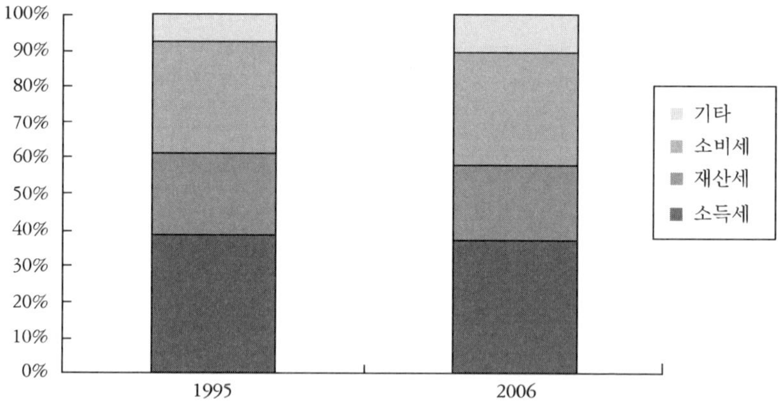

자료 : OECD, *Revenue Statistics*, 2008.

나. 세원별 세수구조

캐나다의 정부별 조세수입구조를 살펴보면 다음과 같다. 2009년 예산기준으로 총 조세수입은 4,228억 20백만달러인데 연방정부 조세수입이 1,967억 45백만달러(46.5%)이며 주정부 지방세 수입이 1,885억달러(44.6%)이고, 지방정부 지방세수입이 375억 75백만달러(8.9%)이다. 이와같이 연방정부와 주정부의 세수규모는 유사하지만, 지방정부에는 거의 세원이 배분되어 있지 않은 것으로 나타난다.

세원별 조세수입구조를 살펴보면 소득과세가 2,486억 55백만 달러(58.8%), 소비과세가 1,071억 50백만달러(25.3%), 재산과세가 452억 8백만달러(9.5%), 기타과세가 218억 7백만달러(5.2%)이다. 캐나다의 정부의 조세수입구조는 소득과세와 소비과세 중심으로 되어 있는 것으로 나타난다. 주요 세목별 세수규모를 살펴보면 개인소득세가 1,892억 22백만달러(44.8%), 일반소비세가 670억 1백만 달러(15.8%), 법인소득세가 502억 77백만달러(11.9%)로 이들 3개 세목으로부터의 세수가 3,065억원으로 총 조세수입의 72.5%를 차지하고 있다.

정부계층별로는 조세수입구조를 살펴보면 다음과 같다. 우선 연방정부의 총 조세수입은 1,967억 45백만달러인데 소득과세가 1,530억 3백만달러(77.8%), 소비과세가 425억 35백만달러(21.6%), 기타과세가 12억 7백만달러(0.6%)이다. 캐나다 연방정부의 조세수입구조는 소득과세 위주로 구성되어 있는 것으로 나타난다.

[표 4-16] 정부계층별 세수구조

(단위: 백만달러)

구 분	연방정부	주정부	지방정부	합 계
1. 소득과세	153,003 (77.8) {61.5}	95,652 (50.7) {38.5}	- - -	248,655 (58.8) 100.0
개인소득세	114,321 (58.1) {60.4}	74,901 (39.7) {39.6}	0 - -	189,222 (44.8) 100.0
법인소득세	31,272 (15.9) {62.2}	19,005 (10.1) {37.8}	0 - -	50,277 (11.9) 100.0
기타 소득과세	7,410 (3.8) {80.9}	1,747 (0.9) {19.1}	0 - -	9,157 (2.2) 100.0
2. 소비과세	42,535 (21.6) {39.7}	64,499 (34.2) {60.2}	116 (0.3) {0.1}	107,150 (25.3) 100.0
일반소비세	28,769 (14.6) {42.9}	38,232 (20.3) {57.1}	- - -	67,001 (15.8) 100.0
개별소비세	13,766 (7.0) {34.3}	26,267 (13.9) {65.4}	116 (0.3) {0.3}	40,149 (9.5) 100.0
3. 재산과세	- - -	8,689 (4.6) {19.2}	36,519 (97.2) {80.8}	45,208 (10.7) 100.0
4. 기타과세	1,207 (0.6) {5.5}	19,660 (10.4) {90.2}	940 (2.5) {4.3}	21,807 (5.2) 100.0
조세 수입 총계	196,745 100.0 {46.5}	188,500 100.0 {44.6}	37,575 100.0 {8.9}	422,820 100.0 100.0

주: ( )안의 숫자는 정부계층별 조세수입에서 과세유형별 조세수입이 차지하는 비중, { }안의 숫자는 과세유형별 조세수입에서 정부계층별 조세수입이 차지하는 비중을 의미함.

자료: Statistics Canada, *CANSIM*, 385-0002.

주정부의 총 지방세수입은 1,885억달러인데 소득과세가 956억 52백만달러(50.7%), 소비과세가 644억 99백만달러(34.2%), 재산과세가 86억 89백만달러(4.6%), 기타과세가 196억 60백만달러(10.4%)이다. 캐나다 주의 지방세 수입구조는 소득·소비과세 위주로 구성되어 있는 것으로 나타난다.

지방정부의 총 지방세수입은 375억 75백만달러인데 재산과세가 365억 19백만 달러(97.2%), 소비과세가 1억 16백만달러(0.3%), 기타과세가 9억 40백만달러(2.5%)이다. 캐나다 지방정부의 지방세 수입구조는 재산과세 위주로 구성되어 있는 것으로 나타난다.

본 연구에서 중심이 되는 일반소비세에 대하여 살펴보면 다음과 같다. 일반소비세 규모는 670억 1백만달러로 총 조세수입의 15.8%를 차지하는데, 이 중에서 연방정부의 일반소비세가 287억 69백만달러(42.9%)이며 주정부의 일반소비세가 382억 32백만달러(57.1%)이다. 지방정부에는 적은 규모의 개별소비세만 있을 뿐 일반소비세는 없다. 또한 연방정부의 소비과세 425억 35백만달러 중 일반소비세는 287억 69백만달러(67.6%)이며 개별소비세는 137억 66백만달러(32.4%)이다. 주 정부의 소비과세 644억 99백만달러 중 일반소비세는 382억 32만달러(59.3%)이며 개별소비세는 266억 27백만달러(40.7%)이다.

3. 지방소비세[5)]

가. 일반소비세 연혁 및 개요

캐나다는 1867년 7월 1일 영령북미법(The British North America Act)의 발효로 연방국가로 성립되었다.[6)] 영령북미법은 그 제91조에 "방법 또는 제도의 여하에 불문하고 조세에 의한 금전의 징수"를 연방의 권한으로 하고 주에 대해서는 '직접세'를 부과하는 권한만 남겼다. 이와 같이 캐나다는 미국에 비해서 과세권에 관한 연방의 권한을 대폭적으로 인정하고 있다. 연방의 권한을 크게 인정한 것은 캐나다 연방 성립 전에 발생한 미국의 남북전쟁(1861년~1865년)을 보고 주의 권한을 약화시킬 필요가 있다고 판단하였기 때문이다. 연방은 1917년의 전시소득세법(Income War Tax Act)도입을 시작으로 1935년에 증여세, 1941년에 상속세를 과세하기 시작하였고, 1924년에는 제조업자판매세(Federal Sales Tax; FST)를 도입하였다. 주는 1930년대 이후 상속세, 법인소득세, 개인소득세를 과세하였고 1936년에는 소매판매세(Retail Sales Tax)를 도입하였다. 이후 1962년 발족한 왕립위원회(Royal Commision on Taxation)에서 1966년에 제출한 보고서를 바탕으로 1971년에 부분적인 세제개혁이 이루어 졌다. 이후 1984년 정권을 잡은 진보보수당 정권은 1988년부터 대대적인 세제개혁을 하였는데 주요한 내용은 다음과 같다. 첫째, 1988년부터 개인소득세와 법인소득세

5) 김대영(2009)을 요약하였으므로 보다 상세한 내용은 논문을 참조하기 바람.

6) 이하 캐나다 조세제도의 연혁에 대한 자세한 내용은 「G7의 세제」, 한국조세연구원, 1994. 3 참조.

의 세원을 확대하고 세율을 인하하였다. 둘째, 1991년 1월 1일부터 연방세로 단단계 소비세인 제조업자판매세를 폐지하고 부가가치세인 재화용역세(Goods and Services Tax; GST)를 도입하였다.[7] 이때 퀘벡주는 재화용역세를 도입하는 1991년 1월 1일부터 소매판매세의 과세베이스를 연방 부가가치세인 재화용역세로 통합하였다. 이것은 '퀘벡판매세'라는 명칭을 취하고 있지만, 본질적으로는 주정부 부가가치세이고, 재화용역세를 포함한 가격을 과세표준으로 하여 부과되고 있다.

1991년 재화용역세가 도입된 이후에도 퀘벡주를 제외한 다른 주에는 일반소비세인 소매판매세가 존속되었다. 따라서 캐나다의 일반소비세는 다단계소비세인 연방정부의 재화용역세와 단단계 소비세인 주정부의 소매판매세가 공존하는 형태로 이원화되어 있었다. 이러한 일반소비세제의 큰 틀은 1997년까지 유지되어 왔다. 1997년부터 캐나다의 동부 3개 주에서는 1997년부터 협조판매세(Hamonized Sales Tax, 약칭 HST)를 도입하여 실시하고 있다. 협조판매세의 특징은 연방정부가 징수한 세수 중 주정부에 해당되는 세수를 소비량을 기준으로 하여 가맹 3주에 배분하는 것이다. 이것에 의해서 거시적으로는 소비지원칙에 의한 과세가 행해지고 있다. 1997년~1999년의 각 주로의 협조판매세의 세수배분은 잠정적으로 도입 전에 결정되어 있었기 때문에 본래의 배분공식에

7) 당초 개편안에는 연방세인 제조업자판매세와 주세인 소매판매세를 폐지하고 연방과 주가 공동으로 과세하는 부가가치세를 도입할 것이 제안되었으나, 연방과 주간의 합의를 도출하지 못하여 이 방안은 실현되지 못하고 연방 단독으로 단단계소비세인 제조업자판매세를 폐지하고 다단계소비세인 재화용역세를 도입하는 개편이 이루어졌다.

의한 교부가 시작된 것은 2000년부터이다.

캐나다는 연방정부와 주정부가 모두 일반소비세를 과세하고 있다. 그런데 연방정부의 일반소비세는 부가가치세인 재화용역세뿐이지만, 주정부의 일반소비세는 3가지 유형이 존재한다. 퀘벡주에서 과세하는 퀘벡판매세, 뉴브런즈윅 등 동부 3주에서 과세하는 협조판매세, 그리고 이들 4개 주 이외의 여타 주와 준주에서 과세하는 소매판매세인 주정부판매세가 있다. 또한 앨버타주는 주정부에서 일반소비세를 지방세로 과세하지 않고 있다. 일반소비세 중에서 재화용역세, 퀘벡판매세, 협조판매세는 다단계소비세이며, 주정부판매세는 단단계소비세이다.

나. 주정부판매세(Provincial Sales Tax; PST)

주정부판매세는 주에서 과세대상 상품 또는 서비스의 소매판매 및 임대, 그리고 주내에서 사용하기 위해 들여온 과세대상 상품에 적용되는 단단계소비세로 소매판매세(Retail Sales Tax)이다.[8)]

일반적으로 주정부판매세의 납세의무자는 판매자로 등록해야 하는데, 다음 경우에 속하면 판매자로 등록해야 한다. ① 정기적으로 주류 또는 담배를 비롯한 과세대상 상품 판매(주류취급 면허를 등록하기 전에 PST 번호 등록부터 해야 함), ② 임대인으로서 과

8) 주정부판매세는 캐나다의 10개 주 중 퀘벡주, 동부 3주, 앨버타주를 제외한 5개 주와 3개 준주에서 과세된다. 주정부판매세의 세율은 각 주마다 다르고 연방세인 재화용역세를 과세표준에 포함할 지 여부도 각 주마다 다른 복잡한 형태로 되어 있다. 따라서 본 연구에서는 브리티시 컬럼비아주의 사회서비스세법(Social Service Tax Act)에 의거하여 집행되는 주정부판매세(PST)를 중심으로 설명하기로 한다.

세대상 상품 임대, ③ 법률 서비스 제공, ④ 사우스코스트 브리티시 컬럼비아 교통서비스 지역 내에서 주차권 판매, ⑤ 과세대상 서비스 제공, ⑥ 텔레커뮤니케이션 서비스 제공, ⑦ 프로판 판매, ⑧ 청산인, 재산관리인, 피신탁인 등의 역할을 수행하고 사업하는 동안 자산을 처분하는 것 등이다.

주정부판매세의 세율은 상품 및 서비스 7%, 주류가 10%이며, 승용차는 판매가격에 따라 7%에서 10%까지 차등과세 되고 있다.[9] 주정부판매세는 단단계판매세이므로 사업체가 소비하는 상품에 대한 매입 세액 공제가 없다. 또한 재판매용으로 구매된 상품을 제외하고 모든 사업용 상품에 부과된다. 주정부판매세의 과세대상은 재화용역세의 과세대상과 거의 일치한다. 다만, 주정부판매세는 재화용역세의 과세대상 중 무형재산에 대해서는 과세하지 않는다.

다. 퀘벡판매세(Québec Sales Tax; QST)

퀘벡주는 재화용역세가 도입되는 1991년 1월 1일에 주소매판매세를 재화용역세와 통합하여 퀘벡판매세를 도입하였다. 퀘벡판매세는 판매세(Sales Tax)라는 명칭을 취하고 있지만, 본질적으로는 단단계소비세인 소매판매세가 아니고 다단계소비세인 부가가치세이다. 퀘벡판매세의 특징은 다음과 같다.

첫째, 퀘벡판매세는 재화용역세와 함께 징수하지만, 세율은 주정부와 연방정부가 각각 독립적으로 결정한다. 즉, 주정부의 세

9) 가격대별 세율은 다음과 같다. $55,000 미만 7%, $55,000 이상 $56,000 미만 8%, $56,000 이상 $57,000 미만 9%, $57,000 이상 10%.

율결정권이 보장된다. 연방정부의 재화용역세는 5%의 비례세율로 과세된다. 퀘벡판매세는 도입 당시 복수세율로 재화는 8%, 서비스는 4%를 적용하였지만, 그 후 독자의 판단으로 6.5%의 비례세율로 이행하고, 다시 7.5%로 인상되었다. 퀘벡판매세는 재화용역세를 포함한 가격을 과세표준으로 하고 있기 때문에 합계한 세율은 12.875%가 된다. 예를 들어 상품가격이 100달러이면 재화용역세는 5달러($100 × 5%)이며 퀘벡판매세는 7.8달러($105 × 7.5%)가 되어 상품의 세후 총 가격은 112.88달러가 된다.

둘째, 퀘벡판매세는 과세표준을 재화용역세와 독립적으로 결정할 수 있지만, 현재 양자의 과세표준은 몇 가지 작은 차이를 제외하면 거의 일치한다. 재화용역세에서는 기업의 중간투입에 관한 매입세액의 전액공제를 인정하고 있지만, 퀘벡판매세는 대기업이 구입하는 연료, 전화제품, 자동차의 매입세액은 부분공제밖에 인정되지 않는다. 이 제약은 1996년 11월 30일에 해제될 예정이었지만, 그 후 1997년 3월 31일로 연기되어, 다시 무기연기되었다. 또 최종소비 단계에서의 다른 점으로서, 퀘벡판매세는 환불(rebate)에 의해서 도서구입을 비과세로 하고 있는 점을 들 수 있다. 그러나 이것 이외에는 양자의 과세표준은 일치하고 있다. 즉, 퀘벡주는 연방과 주의 부가가치세 과세표준의 통일성을 유지하지만, 최종소비단계에서 주의 과세표준 결정권을 유보하고 있다고 할 수 있다.

셋째, 도입 당초부터 퀘벡판매세는 재화용역세와 함께 주내에서의 퀘벡주 세입국(Revenue Québec)에 의해 징수되고 있다. 퀘벡주는 연방정부의 재화용역세를 세무행정비용을 공제한 후, 마치 분부세처럼 주에서 연방정부에 지불한다. 이와 같이 연방정부와 주정부 쌍방이 동일한 과세표준에 별도세율을 적용하고 있는 퀘벡매상세를 리차드 버드 교수는 중복형 부가가치세(dual VAT)로 정의하고 있다.

넷째, 퀘벡주를 초월한 등록업자간의 거래는 EU에서 잠정조치로 적용시키고 있는 지불연기방식과 동일한 룰로 과세하고 있다. 즉, 외국으로의 수출이든 다른 주로의 이출이든 영세율을 적용하고, 수입이나 이입에 대해서는 등록수입업자가 소비자에게 판매한 시점에 과세한다. 다단계소비세임에도 불구하고, 퀘벡주가 연방정부에서 독립하여 퀘벡판매세의 세율을 결정할 수 있는 것은 소비지원칙에 기초하여 과세하고 있기 때문이다. 외국에서의 수입에 관하여는 협조판매세와 달리 국경통과시점에서는 과세되지 않고, 등록수입업자에 의한 자기신고에 의존하고 있다.

연방정부와 퀘벡주정부간의 협정에 따라, 퀘벡주 세입국은 퀘벡에서 재화용역세의 징수의무를 갖는다. 따라서 퀘벡주 세입국은 퀘벡주에서 상업활동을 하는 모든 사람들의 재화용역세 등록을 위한 신청을 받는다. 사업자등록을 한 자는 과세대상 물품의 판매시에 퀘벡주 세입국의 대리인으로서 세금을 징수하여 퀘벡주 세입국에 납부하여야 한다. 등록사업자는 사업과정에서 판매하기 위하여 구입한 재화와 서비스를 매입할 때 납부한 재화용역세와 퀘벡판매세를 돌려받는다. 재화용역세는 투입세액공제(Input Tax Credits ITCs)방식으로 돌려받으며, 퀘벡판매세는 투입세액환급(Input Tax Refunds ITRs)형태로 돌려받는다. 투입은 상업활동 과정에서 사용된 다음과 같은 재화를 의미한다. 가공되지 않은 원료

(raw materials), 사무실 가구(office furniture), 컴퓨터 시스템(computer systems), 회계사 수수료(accountants' fees), 기계수선 비용(machine-repair costs), 개선 비용(promotional items) 등이다. 투입세액공제나 투입세액환급을 받으려면, 회계기간동안에 등록사업자로 등록되어 있었어야 한다.

라. 협조판매세(Hamonized Sales Tax; HST)

캐나다의 동부 3주(Nova Scotia, New Brunswick, New Foundland and Labrador)에서는 1997년부터 협조판매세를 도입하여 실시하고 있다. 협조판매세는 일본의 지방소비세와 같은 공동형 부가가치세이다. 협조판매세는 연방정부의 일반소비세인 재화용역세와 주정부의 소매판매세를 단일의 다단계소비세로 대체한 것이다.

협조판매세의 특징은 연방정부가 징수한 세수 중 주정부 해당분을 소비량을 기준으로하여 가맹 3주에 배분하는 것이고, 이것에 의해서 거시적으로는 소비지원칙에 의한 과세가 행해지고 있다. 1997년~1999년의 각 주로의 협조판매세의 배분은 잠정적으로 도입 전에 결정되어 있었기 때문에 본래의 배분공식에 의한 교부가 시작된 것은 2000년부터로 되어 있다.

협조판매세에서는 3개 주내의 등록기업에 의한 판매는 타지방에서의 이입도 포함하여 일률 13%의 부가가치세가 부과된다. 소비지원칙에 의한 이입과세에 해당한다. 13% 중 5% 해당분은 연방정부에 할당되고, 나머지 8%분은 3개 주의 공동재원이 된다. 한편, 등록기업에 의한 타주에의 이출은 연방정부의 재화용역세가 부과되지만, 협조판매세는 비과세된다. 결국 이출에서는 사실상 영세율이 적용되고 있다. 협조판매세의 지역내에서 생산된 재화・서비스는 매입에 관한 협조판매세 전액이 공제되고, 타주에서 생산되어, 3개 주의 지역내에서 중간투입재로서 매입된 재화는 재화용역세만이 전단계 세액공제의 대상이 된다.

협조판매세의 징수사무는 참가 3개 주에 대신하여 연방정부에 속하는 캐나다 세입청이 처리하고, 총체로서의 주의 취급분을 각주의 최종소비액으로 안분하여 교부하고 있다. 이는 일본의 지방소비세에 있어서의 청산제도와 기본적으로 유사한 구조이다. 단, 협조판매세는 형식적으로는 부가세방식의 지방소비세로 보여지지만, 주정부에서 세율이나 과세표준을 결정하는 권한이 없고, 연방정부가 징수한 부가가치세를 일정한 산정방식에 따라서 교부하고 있는 점으로 본다면 본질적으로는 분여세에 가까운 성질을 가지고 있다.

1) 배분공식

배분공식의 기본적인 구조는 다음의 2개의 공식에 의해서 이루어 진다. 가맹 각 주에의 배분은 협조판매세 수입총액에 각 주의 안분비율을 곱하고, 이것에 조정항목을 가감하여 결정된다(①식). 3요소중에는 안분비율의 결정이 중요하다. 각 주의 매번 안분비율은 각 주의 추정 부가가치세 수입액의 가맹 3주 전체의 부가가치세 수입에 대한 비율이 된다(②식). 단 세율은 가맹 3주는 8%, 연방정부는 5%이다. 또 산정시에 사용되는 기본적인 데이터는 캐나다 통계국이 작성하는 지역경제 계산체계와 주마다의 산업연관표이다.

① 재원 풀×안분비율±조정=주 수취액

② 안분비율=(i주의 과세표준×세율)/Σ(i주의 과세표준×세율)

2) 과세표준의 구성요소

각 주의 과세표준은 최종소비지출(Consumer Expenditure CEBASE) 만이 아니고, 비과세기업(Exempt Business : BUSBASE), 공공부문(Public sector bodies : PSBBASE), 주택투자(Investment in residential construction : HOUSINGBASE), 금융기관(Financial institutions : FIBASE)이라는 5가지 부문의 합계액으로 구성되어 있다. 각각의 과세표준은 다음의 공식에 의해서 산출된다.

③ 소비지출베이스=순지출×과세비율×조정계수

④ 공공부문베이스=반환액/(반환율×연방세 세율)

⑤ 주택베이스=추정 재화용역세 지불액/재화용역세 세율

⑥ 금융기관베이스=주에 귀속하는 공제부인 재화용역세/재화용역세 세율

⑦ 기업베이스=과세대상 매입액×(비과세산출액/순산출액

① 소비지출베이스

개인소비자의 과세표준을 파악하기 위한 소비지출베이스는 ③식에 의해서 산출된다. 여기에서 순지출은 생산자가격에서 간접세와 중간마진의 합계를 공제한 금액을 사용하여 산정한다. 과세비율은 지출항목마다 과세대상이 되는 부분의 전체에 대한 비

율을 가리킨다. 조정계수는 개인소비지출에 포함되지 않은 지출, 예를 들면 공공부문 등을 제외하기 위한 조치이다. 이것들은 산업연관표를 이용하여 개별상품마다 추계된다.

② 공공부문베이스

공공부문베이스는 지방정부, 대학, 학교, 병원, 전문학교, 자선단체 및 비영리조직의 과세대상이 되는 지출을 파악하기 위한 것이다. 공공부문이 생산하는 재화, 서비스는 재화용역세가 비과세된다. 이 때문에 공공부문에서는 판매세액의 납세의무면제 및 매입세액의 공제부인이 일반적이다. 공공부문베이스는 공제가 부인된 매입액을 주의 과세베이스에 할당하기 위하여 설치되어 있다. 단, 재화용역세가 도입된 경우에 세부담 증가를 억제하기 위해서, 공제를 부인한 매입세액의 부분적 반환이 실시되었다. 따라서 공공부문베이스는 실제로 반환된 액을 반환율과 연방세율의 곱으로 나눈 액이 된다(④식).

③ 주택투자

주거용 주택건설은 개인최종소비로서 일반소비세를 부담한다. 그러나 토지가격이 제외되며, 판매시점은 아니고 건설시점에서 평가되는 점 등에서 볼 때, 주의 지역경제 계산체계에서는 과세표준을 정확하게 파악할 수 없다. 이 때문에 주택저당공사의 조사자료를 이용하여, 추정 재화용역세 지불액을 세율로 나누어 구한 값으로, 간접적으로 주택베이스를 추계하는 것으로 되어 있다(⑤식).

④ 금융기관베이스

금융기관베이스는 법정의 금융기관(은행, 보험회사, 신용조합)

의 비과세 서비스제공에 관한 과세표준을 반영하기 위하여 설치되어 있다. 금융기관은 신고에 있어서 공제부인된 매입세액을 법인세의 분할기준을 이용하여 각 주마다 할당할 의무를 부담하고 있다. 이점을 이용하여 주에 귀속된 공제부인 재화용역세를 세율로 나누어서, 금융기관베이스가 추계된다(⑥식).

⑤ 기업베이스

재화용역세의 납세의무가 면제된 기업에 대해서는 이것에 수반하여 매입세액의 공제가 부인된다. 기업베이스는 이 공제가 부인된 매입액을 매입이 실제로 행해진 주의 과세베이스에 배분하기 위하여 설치되어 있다. 재화용역세의 비과세대상은 보건위생, 교육, 아동보호, 통행요금, 시영교통, 국내금융서비스, 상하수도 처리 등이다. 그러나 비과세상품의 생산에 사용된 중간투입재를 산업연관표에서 직접 추출하는 것은 불가능하다. 이 때문에 당해 산업의 매입액에 비과세산출액이 총 산출액에서 차지하는 비율을 곱하여, 간접적으로 추계하는 방법이 취해지고 있다(⑦식). 이 때 매입액에 대해서는 산업연관표의 투입표, 비과세산출액에 대해서는 산출표의 데이터를 이용한다.

4. 지방소득세

캐나다의 지방정부는 소득세를 부과하고 있지 않다. 다만 주정부에서 소득과세를 부과하고 있는데, 주정부의 조세수입구조는 소득과세가 50%내외, 소비과세가 35%내외를 차지하는 소득·소비과세 위주의 세수구조로 되어 있다. 주정부의 소득과세에 해당하는 세목으로는 개인소득세와 법인소득세가 있는데, 개인소득세가 중심세목이다. 개인소득세의 근거법은 소득세법(Income Tax Act)이며 당초에는 모두 연방정부에 의해 징수되어 캐나다 관세 및 세입청(Canada Custom and Revenue Agency)과 주정부간의 조세징수 협정에 따라 주정부에 배분되었다. 그러나 2000년부터 연방소득세의 과세표준을 과표로 하여 세율을 적용하여 과세하는 세제를 도입하게 되었다.

5. 요　약

지금까지 캐나다의 주정부의 주정부판매세, 퀘벡판매세, 협조판매세를 살펴보았다. 이들 세 가지 유형의 주정부 일반소비세의 특징을 간단히 비교하면 다음과 같다.

첫째, 재화용역세와 퀘벡판매세, 협조판매세는 다단계소비세로서 부가가치가 생산되는 과정에서 과세되며, 전단계 매입세액공제방식을 통해 최종소비자가 세금을 부담한다. 그러나 주정부판매세는 단단계소비세로서 최종 소매단계에서만 과세하며 최종소비자가 세금을 부담한다.

둘째, 과표결정권을 비교해 보면, 주정부판매세는 해당 주정부에서 과표결정권이 보장된다. 그러나 퀘벡판매세는 주정부의 과표결정권이 부분적으로 허용되고, 협조판매세는 과표결정권이 거의 허용되지 않는다.

셋째, 세율결정권을 비교해 보면 주정부판매세와 퀘벡판매세는 해당 주정부에 세율결정권이 보장된다. 그러나 협조판매세는

[표 4-17] 지방소비세 유형별 성격 비교

구 분	주정부 판매세	퀘벡판매세	협조판매세
소비과세 유형	단단계소비세 (소매판매세)	다단계소비세 (부가가치세)	다단계소비세 (부가가치세)
과표결정권	자율	부분적 자율	거의 없음
세율결정권	자율	자율	거의 없음
세원배분 유형	독립세	중복형 부가가치세	공동형 부가가치세
징세 행정	해당 주정부	퀘벡주	연방정부

해당 주정부에 세율결정권이 주어지지 않는다.

넷째, 퀘벡판매세와 협조판매세 모두 연방세인 재화용역세와 세원을 공유하며 소비지원칙에 따라 세수가 귀속된다. 그러나 세원배분 유형은 퀘벡판매세는 중복형 부가가치세(dual VAT)에 속하고, 협조판매세는 공동형 부가가치세(joint VAT)에 속한다.

다섯째, 징세행정의 관할을 살펴보면, 주정부판매세는 해당 주정부가 과세업무를 전담한다. 그러나 퀘벡판매세는 퀘벡주정부가 재화용역세와 퀘벡판매세를 함께 징수하여 재화용역세는 연방정부에 지불한다. 또한 협조판매세는 연방정부가 징수하여 가맹 3주의 세수에 해당하는 부분을 소비지표에 의해서 각 주에 배분한다.

제 4 절 스 페 인

1. 개 요

스페인은 현재 총면적이 505,957㎢이며 인구는 약 4천 520만 명(81명/㎢)이다. 수도는 마드리드(2백 82만명)이고, 주요 도시로는 바르셀로나(1백 45만명), 발렌시아, 세비야, 사라고사 등이 있다. 인구는 도심지역에 총인구의 78%가 거주하고 있으며, 농촌지역은 총인구의 22%가 거주하고 있다. 스페인은 다민족 국가(pluri-national state)이며, 인종은 스페인인 74.4%, 카탈루냐인 16.9%, 갈리시아인 6.4%, 바스크족 1.6%, 기타 0.7%로 구성되어 있다.[10)]

스페인은 단일국가이지만 헌법 제 2 조에서 국가의 지방분권 체제(sub-national governments)로서 "지역(region)의 자치권"을 인정한 3계층제로 구성된다. 즉, 지역 중심의 자치공동체로서의 17개 자치지역정부(Comunidad Autonoma, Autonomous Communities),[11)] 50개의 도 중간자치정부(Provincias, provinces), 2개의 자치시(Ciudades Autonomas), 그리고 8,109개의 기초정부(Municipios)가 있다.

17개 지역정부 중에서 7개 지역정부는 각 1개의 도지방정부

10) 이하 통계자료는 Ministerio de Administraciones Públicas, Dirección General de Cooperación Autonómica, Subdirección General de Análisis Económico de las CC.A.A.(2008), INDICADORES DE CONVERGENCIA COMUNIDADES AUTÓNOMAS.

11) 이하에서는 자치지역정부(CCAA)를 지역정부로 통칭한다.

[그림 4-6] 스페인의 정부계층 구조

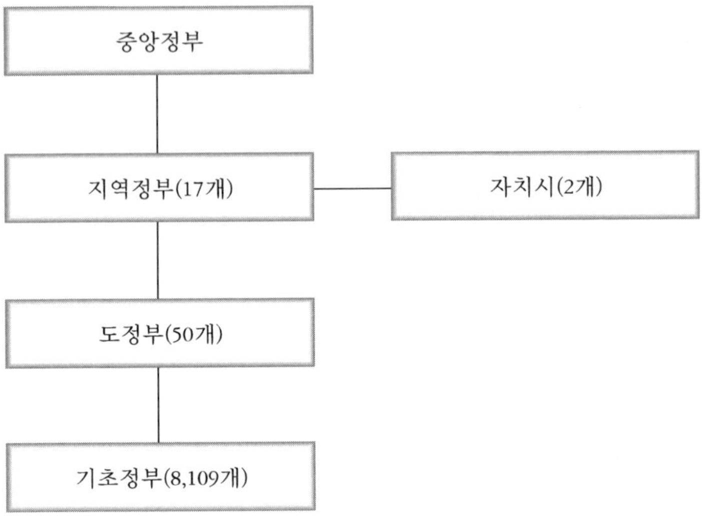

로 구성되어 있다. 이들 7개 지역은 Asturias, Balearic Islands, Cantabria, La Rioja, Madrid, Murcia, Navarre이다. 인구는 주로 안달루시아와 카달루니아, 그리고 마드리드시의 지역정부에 집중적으로 분포되어 있다.

기초정부의 인구는 8,109개 중 84.5%인 6,853개의 기초정부가 5,000명 미만으로 구성되어 있다. 2개의 기초정부만이 100만명을 초과하고 있다.

2. 세입현황

가. 세입구조

1975년 당시 OECD 국가들의 총 조세수입이 평균적으로 GDP의 31% 수준이었을 때, 스페인은 GDP 대비 총 조세수입이 20% 이하였다. 이후 꾸준한 조세제도의 개혁을 통해서 2000년대 이후부터 스페인의 조세수입 총액은 현재 OECD 국가 평균 수준과 일치하게 되었다. 또한 공공지출의 비중에 있어서 2006년을 기준으로 보면, 중앙정부가 53%, 지역정부는 35%의 총지출 수준으로 나타나고 있다.12)

[표 4-18]은 스페인 지방정부들간의 세입구조를 나타낸 것이다. 지역정부의 세입은 주로 교부금(67%)으로 구성되어 있는 반면, 도정부의 주 세입원은 지방세(58%)이다. 시 등 기초정부의 경우에는 지방세, 교부금, 지방채 등 기타수입의 비중이 거의 비슷한 수준으로 구성되어 있다. 스페인의 지역정부는 다른 유럽국가들에 비해 강한 과세권한(taxing capacity)을 보유하고 있다. 그러나 지역정부는 이러한 과세권 행사를 하지 않아 지방세 비중은 상대적으로 낮은 반면, 중앙정부로 부터의 교부금은 다른 나라들처럼 크게 증가하고 있음을 지적하고 있다(Catalan et al., 2005).

12) OECD(2008), *Revenue Statics.*

[표 4-18] 지방정부의 세입구조(2006)

지방재정구조(총수입 100%)			
	기초정부(8100)	도정부(50)	지역정부(17)
지방세수입	32%	58%	20%
교부금수입	36%	28%	67%
지방채 등 기타수입	32%	14%	13%

주: ( )의 수는 지방정부 수를 의미함.
자료: Martinez-Vazquez and Sanz-Sanz(2007), *Fiscal Reform in Spain.*

지역정부의 세입구조를 구체적으로 살펴보면 아래와 같다. 지역정부의 세입구조는 크게 자체재원으로서의 지방세와 세외수입, 국가로부터의 양도세, 교부금 등 세 가지로 구성된다.

지역정부의 총세입 중 지방세수입은 28.8% 정도이며, 보건의료와 교육에 관한 사무권한이 이양된 후 소득세의 33% 세원을 지방세수입으로 하고 있다. 1997년부터 세수확충을 위해 선택적으로 부유세, 이전등록세 등을 징수할 수 있으며, 때로는 지역정부에 따라서 도박세, 저축세 등을 신설하여 운영하고 있다(Discretionary Taxes). 특히, 나바라와 바스크 지역정부는 다른 지역정부와 달리 별도의 조세체계(Foral system)를 운영하고 있다.[13] 즉, 1996년부터 각 지역별로 소득세를 설치하여 지역의 전체 소득세 중 15~30%를 지역정부 세원으로 하고 있다. 그리고 지역정부는 부가가치세 수입 중 35%를 국세와 공유하여 지방세 수입으로 확보하고 있으며, 휘발유세, 담배, 주류, 자동차등록세, 전기세 등에

13) Foral System: Navarre/Basque ACs levy all national taxes.

대해서는 40%를 지방세수입으로 확보하고 있다.

아래의 표는 지역정부의 자체세입과 교부금 등 이전세입을 나타낸 세입구조이다.

스페인은 2002년 재정개혁을 통해 이전재원은 줄이는 대신 자주재원인 지방세의 증대를 위해 많은 노력을 하였다. 그 결과

[표 4-19] 지역정부의 세입구조(2004 예산)

자체세입		34.01
지역정부세, 과태료, 수수료, 부담금, 공공요금 및 기타		5.25
개인소득세 부유세 상속세 및 증여세 양도세, 자본이득세 및 인지세 게임세 자동차세 탄화수소세	14.18 1.08 1.62 9.58 0.14 1.24 0.92	28.76
공동세 및 보조금		65.99
<공동세> 부가가치세 특별소비세	 13.84 7.03	20.87
<일반교부금> 교부금	 24.07	24.07
<특별보조금> 지역보상기금 기타 중앙정부 및 기관보조금 EU보조금	 0.94 12.10 8.00	21.04

자료 : Jorge Martinez-Vazquez and Jose Felix Sanz-Sanz, *Fiscal Reform in Spain*, 2007, p. 440.

[그림 4-7] 스페인의 총조세 대비 지방세 비중

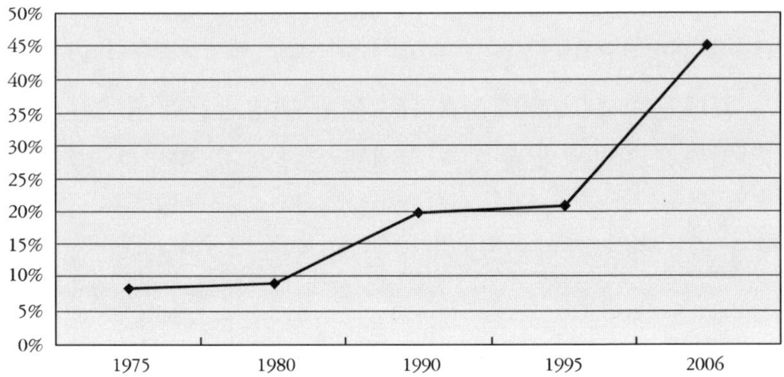

자료 : OECD, *Revenue Statistics*, 2008.

1995년 총 조세 중 지방세의 비중이 약 20% 정도였는데 반하여, 2005년의 지방세 비중은 45% 정도나 되었다.

나. 조세구조

스페인의 조세를 부과・징수권을 기준으로 구분하면 다음과 같다. 개인소득세(Impuesto sobre la Renta de las Personas Fisicas ; IRPF), 법인세(Impuesto sobre Sociedades ; IS), 보험금(Primas Seguros)은 국세에 해당한다. 상속・증여세(Impuesto sobre Sucesiones y Donaciones ; ISD), 순자산세[14](Impuesto sobre el Patrimonio ; IP), 매매세(ITP y AJD)[15]는 주(州)세에 해당된다. 스페인은 독특하게 국가와 주가 공동세원으로 활용하는 세목이 존재한다. 비거주자소득

14) IP의 영어식 표기는 Net wealth tax이며, 국내에서 논의되는 부유세적 성격의 조세이다.

15) 매매시 발생하는 세금인데, 정확히 어떤 성격인지 파악되지 않았다.

세[16](Impuesto sobre la Renta de No Residentes ; IRNR), 부가가치세(IVT), 특별소비세(II. EE.)가 여기에 해당한다. 공동세는 국가가 징수하며 법령상 정해진 기준(인구수 등)에 따라 주에 배분된다.

[그림 4-8] 스페인의 조세구조 체계

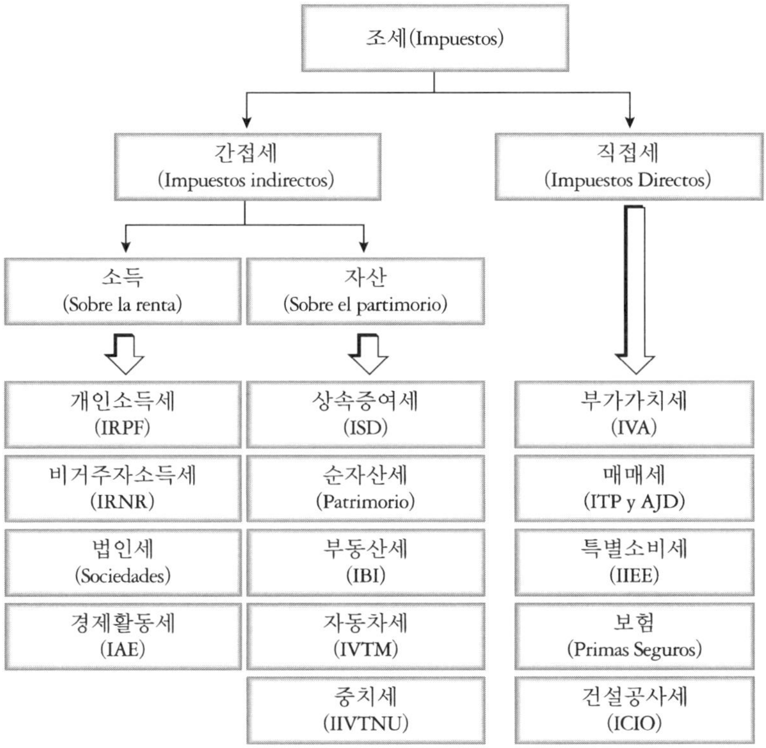

16) A non-resident company is subject to the income tax on non-residents(IRNR) in respect of the entire income from Spanish or foreign sources attributable to such establishment if it operates through a permanent establishment in Spain.

[그림 4-9] 스페인의 지방세수 구조

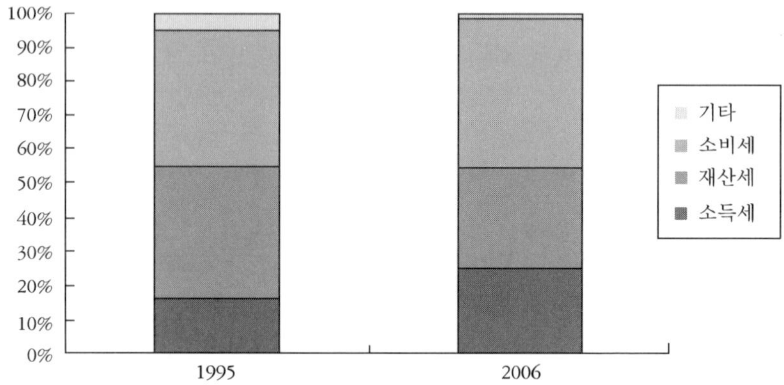

자료 : OECD, *Revenue Statistics*, 2008.

지방세로는 경제활동세(Impuesto sobre Actividades Economicas : IAE), 부동산세(Impuesto sobre Bienes Inmuebles : IBI), 자동차세(Impuesto sobre Vehículos de Tracción Mecánica : IVTM), 토지가치증가분세(Impuesto sobre el Incremento de Valor de los Terrenos de Naturaleza Urbana : IIVTNU), 건설 · 설비 · 공사세(Impuesto sobre Construcciones, Instalaciones y Obras : ICIO)가 있다. 이중 IAE, IBI, IVTM은 모든 지방자치단체에 의무적으로 적용되는 세목이고, IIVTNU와 ICIO는 지방자치단체가 선택적으로 적용할 수 있다.

스페인의 지방세입에서 차지하는 지방세수는 50.19%로 지방의 재정자율성이 여타 OECD 국가 중에서 높다고 할 수 있다. 스페인의 지방세구조를 보다 구체적으로 살펴보면 소득과세(24.3%), 소비과세(48.4%), 재산과세(26.0%), 기타과세(1.3%)로 구성되어 있어 소비과세의 비중이 높은 구조로 되어 있다.

총조세 중 지방세 비중은 1980년까지 10% 미만에서 2006년에 45%수준으로 크게 증가하였으며, 지방세원별 구조를 보면 1995년에 비해 2006년에는 재산세 비중이 감소하고 소비세와 소득세 비중이 증가하고 있다.

이하에서는 스페인의 재정개혁을 통한 지방세수 증대에 큰 기여를 한 부가가치세와 소득세 등의 공동세를 중심으로 살펴보기로 한다.

3. 지방소비세

스페인의 지방소비세는 국세인 부가가치세(IVA)와 특별소비세(exercise duties) 세원을 공유하는 방식이다. 스페인의 부가가치세는 1992년에 도입된 후 많은 수정을 거쳐 오늘의 부가가치세로 자리매김했다. 부가가치세 세수에 대한 혜택은 스페인 중앙정부와 지역정부에 돌아간다. 부가가치세는 개인 또는 사업자가 생산한 물품 또는 용역에 대하여 부과되고 징수된다. 부가가치세는 기본적으로 소비자의 소득에 역진적이기 때문에 부가가가치세율의 인상은 소득분배의 문제를 야기할 수 있다. 따라서 대부분의 OECD 국가에서는 복수세율제도를 도입하여 생활필수품 등에 대하여 경감세율 또는 영세율을 적용하여 역진적인 문제를 완화하고 있다. 스페인의 경우 OECD 표준면세 범위 이외에 추가적으로 문학과 예술작업에 대한 판권을 면세범위에 포함하여 허용하고 있다. 경감세율을 적용하고 있는 분야는 책, 하숙, 출장요리, 장애인용품, 쓰레기수거 등이 포함된다(OECD, 2004).

스페인의 부가가치세는 크게 세 종류의 세율을 적용하고 있다. 첫째, 생활필수품인 빵, 우유, 의약품 등은 가장 낮은 4%의 세율을 적용하며, 둘째, 수도물, 의료기기, 항공 및 선박 이용, 식료품 등 필수품의 경우에는 낮은 세율 7%를 적용한다. 마지막으로 그 이외의 모든 거래는 일반적인 16%의 세율을 적용하고 있다.

2002년 재정개혁에서 스페인이 선택한 지방정부 간접세 실제 모형은 중앙의 VAT와 특소세의 징수지역간 세수공유(revenue sharing)제도였다(J. Martinez-Vazquez and J. F. Sanz-Sanz, 2007). 세수공유모형은 지역정부(regional governments)인 자치정부(Autonomous Communities) 및 지방정부(local governments)의 재원조달에 큰 역할을 담당하고 있다. 다른 한편 중앙정부는 지역정부에 운송수단 과세와 관련한 과세자주권을 부여하였으며, 이로 인해 지역정부는 탄화수소세 인상의 재량권을 부여받아 활용하고 있다(현재 Catalonia와 Madrid 두 곳만 사용).

중앙정부의 간접세를 지역정부(CCAA)와 공유하는 현행 제도를 구체적으로 살펴보면 다음과 같다.

(i) VAT의 35%, 통계청의 지역소비지수(index of territorial consumption)에 따라 지역정부에 배분

(ii) 주세의 40%, 통계청의 지역소비지수에 따라 지역정부에 배분

(iii) 탄화수소세의 40%, 경제부의 유류소비지수에 따라 배분

(iv) 담배세의 40%, 담배시장위원회의 지역 담배매출지수에 따라 배분

(v) 전기세의 100%, 과학기술부의 지역 전력소비지수에 따

라 배분

2002년 재정개혁에서는 지역정부(CCAA)가 VAT 및 특별소비세 세입을 지방정부와 공동으로 활용한다는 권한을 명확하게 명시하였다. 지방정부(local corporations)의 VAT와 특별소비세 세입의 배분권한은 다음과 같다.

(i) VAT 수입의 1.0538%

(ii) 특별소비세 수입의 1.2044%

이상의 세수배분 비율은 지역정부에 귀속되는 부분을 공제한 이후의 값에 대한 비율이다.

VAT 세수배분에 있어서, 지방정부는 소속 단체의 지역소비지수 적용을 통해 결정될 수입의 일부에 대해 배분권한을 가진다. 이 지수는 지역정부(CCAA) 내의 각 지방정부 인구비중에 따라 가중치가 주어지는데, 가중치는 다음과 같이 계산된다.

$$PVATp = 0.010538 \times NIVAT \times ICi \times (Pp/Pi)$$

PVATp : 지방 p의 VAT

NIVAT : 지역정부(CCAA) 배분액 공제후 국가 순VAT

ICi : 지방 p가 속하는 지역정부(CCAA) i의 지역소비지수

Pp / Pi : 지방 p와 지역정부(CCAA) i의 인구

다음의 지방정부와의 특별소비세 배분도 부가가치세의 배분과 유사하다.

PIIEE(h)p = 0.012044 × RLIIEE(h) × ICi(h) × (Pp/Pi)

PIIEE(h)p : 지방 p에 배분되는 물품세액
RLIIEE(h) : 지역정부 배분 후 국가 물품세수
ICi(h) : p가 속하는 지역정부 i의 지역소비지수

4. 개인소득세

공동세원으로 되어 있는 스페인의 소득세는 구체적으로 비거주자소득세(Impuesto sobre la Renta de No Residentes : IRNR)를 의미한다. 비거주자소득세의 납세자는 스페인 국가영역에 존재하고 있지 않더라도 스페인을 통해서 영업을 하고 있는 내국인 또는 외국인이 모두 대상이다.

소득세는 2002년 재정개혁에 따라 지방정부의 세율권한이 강화되었다. 즉 지방정부는 중앙정부와 동일한 과표를 사용하고 있지만, 세율과 세액공제를 종전의 15%에서 33% 이상의 범위에서 규정할 수 있도록 자율적 권한이 강화되었다.

소득세는 아래의 표에서 보는 바와 같이 중앙과 지방이 동일한 과표를 적용하며, 중앙과 지방의 한계세율을 합한 세율은 24%, 28%, 37%, 43%로 되어 있다. 소득세의 중앙 대 지방의 세수비중은 대략 65% 대 35% 수준이다.

[표 4-20] 스페인의 소득세율 현황

	국가소득세율	지역소득세율	총소득세율
€0 - €17,707	15.66%	8.34%	24%
€17,707 - €33,007	18.27%	9.73%	28%
€33,007 - €53,407	24.14%	12.86%	37%
€53,407 이상	27.13%	15.87%	43%

아래의 표는 2005년 마드리드시의 주요 지방세 수입과 공동세 이전에 따른 세수의 비중을 나타내고 있는데, 지방정부의 소득세 비중은 6.33%인데 비하여 부가가치세는 3.65%로 소득세가 지방정부에 기여하는 부분이 크다.

[표 4-21] 마드리드시 지방세 및 공동세 수입(2005)

구 분	조세(Impuesto)	금액(유로)	비중(%)
지 방 세	부동산세(IBI)	541,230,208	40.11
	자동차세(IVTM)	167,233,390	12.39
	토지가치증가분세(IIVTNU)	220,051,406	16.31
	경제활동세(IAE)	133,510,221	9.90
	건설 · 설비 · 공사세(ICIO)	137,478,940	10.19
	소 계	1,199,504,165	88.90
공동세 이전재원	개인소득세(IRPF)	85,368,759	6.33
	부가가치세(IVA)	49,190,000	3.65
	특별소비세 중 주세(II.EE.)	1,088,500	0.08

	특별소비세 중 담배세	5,246,000	0.39
	특별소비세 중 탄화수소세	8,806,300	0.65
	소 계	149,699,559	11.10
합 계		1,349,203,724	100.00

5. 요 약

스페인 헌법 제142조에 의하면 지방재정당국은 자체 역할 이행을 위해 충분한 자금을 보유하여야 하며, 그 수입원은 주로 자체 세금 및 국가와 주정부의 보조금 또는 출연금으로 충당될 것이라고 규정하고 있다. 지방정부의 주요 수입원은 지방세이나 지방세에 대한 자율성은 지방재정법, 지방자치단체기본법, 헌법재판소의 판결에 의해 엄격하게 제한된다. 즉, 지방세의 과세 및 부과요건은 국가가 결정하며, 지방정부는 법정세율의 범위 내에서 세율을 결정하거나 임의세(ICIO, IIVTNU)의 부과여부를 선택할 수 있을 뿐이다. 스페인은 최근 2년 전부터 지방재정 분권화의 요구가 강하게 실현되고 있다고 한다. 이러한 요구가 지방재정뿐만 아니라 지방세 분야에까지 확대될지 여부는 좀 더 지켜봐야 할 것 같다.

스페인은 재정경제부에서 국가 및 지방의 재정 및 조세에 대한 결정권을 갖고 있다. 그러나 2003년부터 재정분권이 강화되기 시작하여 마드리드시 등 30여 개의 지방정부에서는 지방세담당기관(Órganos de gestión tributaria)이 지방행정기관으로부터 독립되어 지방의회의 관할 하에 구성되어 운영되고 있다. 마드리드시 지방세담당기관의 책임자에 의하면 시청에 소속되어 있을때에 비하여 지방세기관이 독립되어 운영됨으로써 업무가 효율적으로 집행된다고 한다.[17] 스페인은 OECD 국가 중 지방세입에서 차지하는 지방세의 비율이 50.1%로 매우 높은 편이다.

제5절 시 사 점

OECD 국가를 중심으로 소득·소비과세의 최근 동향을 살펴본 결과 다음과 같은 시사점을 도출할 수 있다.

첫째, 분권 강화는 OECD 국가의 최근 흐름이고, 지방재정의 자율성 제고 차원에서 총지출 중 지방세의 비중이 크게 증가하고 있다. 우리나라의 경우에는 자치단체의 세입 중 이전재원은 크게 증가하고 있는 반면 지방세의 비중은 상대적으로 감소하고 있는데 이에 대한 조정이 필요하다. 이번에 도입 확정된 지방소득·소비세는 향후 지방의 재원조달책임과 지출책임간의 괴리를 완화시킬 수 있는 기회가 되도록 설계되어야 한다.

둘째, OECD 국가들의 지방정부 세수구조가 재산과세 위주에서 소득·소비과세 위주로 바뀌고 있음을 알 수 있다. OECD 선진국가의 지방정부 세수구조를 1995년과 2006년을 비교한 결과, 지방세수에서 차지하는 소득과 소비과세의 비중이 증가하였다. 특히, 재정분권 개혁을 통해 분권을 강화하고 있는 스페인의 경우

17) 마드리드시 지방세담당기관 책임자 인터뷰 결과, 2006. 3.

지방세에서 점하는 재산과세의 비중은 대폭 감소한 반면 소득과 소비과세의 비중은 가시적으로 증가하였다. 소득과세형 국가인 스페인은 2007년부터 세수 신장성이 낮은 재산세를 폐지하였다. 우리나라의 경우에는 지방세의 세수구조 변화가 별로 없으며, 재산과세가 아직도 지방세수의 주요한 부분을 점하고 있어 탄력적이지 못하다.

셋째, OECD 국가의 최근 동향 중 또 다른 특징은 국가와 지방이 세원을 공유하여 지방정부의 세수 확충뿐만 아니라 지역간 재정불균형 완화를 위해 노력하고 있다는 것이다. 세원을 공유한다는 것은 지방정부의 과표와 세율결정권이 다소 떨어지기 때문에 과세자주권이 결여되어 있다는 단점이 있다. 그러나 세원공유는 세무행정 비용이 절감되므로 최근 많이 활용되고 있다는 것이다. 세원공유 대상 세목은 주로 개인소득세, 법인세, 부가가치세 등인데, 이들 세원은 세수 신장성이 좋으며, 과표를 풀링(pooling)함으로써 과표의 이동성과 같은 지방세의 잠재적 약점을 보완할 수 있기 때문에 바람직한 세원으로 널리 활용되고 있다. 우리나라의 경우 국세인 개인소득세와 법인세는 지방세인 주민세 소득할을 통해 중앙과 지방이 세원을 공유하고 있다. 그러나 그 동안 부가가치세는 세원이 풍부하고 신장성이 좋은 세목임에도 국세로만 활용되고 있었다. 내년부터 부가가치세는 지방소비세를 통해 지방에서도 공유하게 되므로 향후 지방세수 확보에 큰 역할을 할 수 있을 것이다. 한때 소매매출세(retail sales tax)가 지방세로서 선호되었으나(Musgrave, 1983), 이제는 세계적 경향과는 거리가 있으며 최근에는 중앙정부의 VAT를 지방과 공유하는 형태로 바뀌고 있다.

우리나라도 이제는 지방소비세와 지방소득세가 도입되기로 2009년 9월 16일 확정되었다. 지금까지 논의되어 왔던 지방소비세와 소득세의 세수 규모와 기준에는 다소 미흡하지만 신설된다는 것은 매우 의미 있다.

제 5 장

지방소비 · 소득세 개편 방안

제 1 절 기본방향

지방분권을 촉진하기 위해서는 자치단체가 주민에게 공급할 지방공공재를 자주재원으로 마련할 수 있는 기반이 갖추어져 있어야 하고, 이러한 기반을 바탕으로 세입과 세출의 규모와 내역 등을 자율적으로 결정할 수 있도록 제도를 정립하여야 한다. 지방분권 촉진을 위하여 지방세 부문에서 필요한 것은 지방세수 기반 확충과 과세자주권 제고이다. 2009년 9월 16일 정부는 지방세수 기반확충과 과세자주권 제고라는 목표를 달성하기 위해 관련 부처간에 합의를 도출하고 지방소비세와 지방소득세 도입을 결정하였다.

정부안에서 지방소비세는 비교적 구체적인 방안이 발표되었다. 지방소비세는 국세인 부가가치세의 일부를 지방으로 이양하므로 지방세수기반 확충이라는 목표와는 어느 정도 일치하고 있다. 그러나 지방소비세를 지방세수 불균형 완화, 비수도권 자치단체에 대한 재정지원 등 국가 정책 목표 달성을 위한 수단으로 활용하는 과정에서 지방소비세에 상당한 재정조정기능을 부여하게 되었다. 지방소득세는 현행의 지방세목인 주민세 소득할과 사업소세 종업원할간의 세목통합 및 명칭변경일 뿐 사실상 과세표준이나 세율구조의 변화도 없고 또한 세수의 변화도 없다. 다만, 2013년부터 과세자주권을 제고할 수 있도록 개편할 예정이다. 그렇지만 지방소득세의 구체적인 개편방안은 아직 확정되지 않았다. 따라서 2013년부터 지방소득세가 세수기반확충이나 과세자주권제고를 위하여 역할을 할 수 있도록 구체적인 방안을 검토할 필요가 있다.

정부에서 결정한 지방소비세와 지방소득세는 그 성격에서 다소 차이가 있다. 따라서 지방소비세와 지방소득세는 분권촉진을 위한 목표인 세수기반확충과 과세자주권제고에서 서로 역할분담을 시킬 필요가 있다. 즉, 지방소비세는 세수기반확충에 충실하도록 제도를 운용하고 지방소득세는 과세자주권제고에 충실하도록 제도를 설계하여 운용할 필요가 있다.

본 연구에서는 정부안을 바탕으로 분권촉진을 위한 지방세수기반 확충과 과세자주권제고라는 목표에 맞게 지방소비세와 지방소득세가 지향해야하는 기본 방향을 제시하고자 한다.

첫째, 지방세수 기반 확충을 위하여 지방정부의 소비과세와 소득과세의 강화가 필요하다. 현행 지방세수 구조는 재산과세위주로 되어 있어 지역경제의 성장에 따른 소득증가나 소비증가의 지방세수로의 연계가 약하다. 또한 재산과세는 세수의 신장성이나 안정성이 떨어진다. 따라서 지방세수 기반은 소득과세나 소비과세의 강화를 통하여 확충되어야 한다. 그런데 지방소비세는 국세인 부가가치세의 세원의 일부를 이양받아서 신설되었으므로 지방세수기반확충에 기여하였다고 할 수 있다. 다만, 지방소비세에 자치단체간 세수불균형 완화 등 재정조정기능을 부여하게 되어 과세자주권을 제고할 수 있는 여지는 거의 없다. 따라서 지방소비세는 지방세수기반 확충에 충실하도록 제도를 운용할 필요가 있다.

둘째, 과세자주권제고를 위하여 자치단체의 과세자주권을 보장할 수 있는 기간세목의 마련이 필요하다. 현행 지방세제에서는 자치단체의 세목결정권이 부여되어 있지 않으나 과표결정권과 세율결정권은 제한적으로 허용되고 있다. 그러나 과표결정권은 세율결정권에 비해 자율성이 약하다. 세율결정권은 탄력세율이 일부 세목에 허용되고 있으나 잘 활용되지 않고 있다. 따라서 지방분권 촉진을 위해서는 자치단체의 세율결정권을 보장할 수 있으며, 세수확보에도 용이한 기간 세목을 마련할 필요가 있다. 그런데 지방소득세는 2013년부터 과표 및 세율구조의 변경을 통해 지방에 과세자주권을 제고할 수 있도록 개편할 예정이다. 따라서 지방소득세가 지방자치단체의 과세자주권을 제고할 수 있는 기간세목으로 역할을 할 수 있도록 개편방안을 모색할 필요가 있다.

제 2 절 지방소비세제 개선

1. 지방소비세의 평가

가. 지방소비세 도입 방안

지방소비세는 당초에 논의되었던 방안과는 다소 상이하게 세수규모도 축소되고 세수의 배분도 재정조정기능을 부여하는 형태로 결정되었다. 2009년 9월 16일 정부가 발표한 지방소비세 도입(안)은 다음과 같다.[1)]

첫째, 지방소비세는 국세인 부가가치세의 세원을 공유하는 방식으로 도입하되 규모는 부가가치세수의 5%로 결정한다. 다만, 2013년부터 지방소비세 규모를 현행 부가가치세의 5%에서 10%로 확대한다.

둘째, 지방소비세수는 시도별 민간최종소비지출에 가중치를 곱하여 산정한 소비지표에 의해 시도별로 배분한다. 가중치를 두는 이유는 비수도권 자치단체에 상대적으로 많은 세수가 배분되게 하여 시도별 세수 격차를 완화하기 위함이다. 소비지표에 적용되는 가중치는 수도권(서울·인천·경기) 100%, 비수도권 광역시 200%, 비수도권 도 300%로 결정하였다.

셋째, 지방소비세 도입에 따라 지방교부세율은 현행 19.24%

---

1) 지방소비세 도입이 논의되던 초기에는 중앙·지방·지방교육재정의 3자간 재원중립을 전제로 지방소비세가 소비과세의 성격을 유지하도록 소비지표에 가중치를 부여하지 않는 방안을 중심으로 논의가 진행되었었다.

에서 18.97%로 0.27%p. 인하한다. 지방소비세 도입으로 국세인 부가가치세수가 감소하며, 지방교육재정교부금도 감소한다. 따라서 지방교육재정교부금의 감소를 보전하기 위해서 교부율을 현행 20%에서 20.27%로 0.27%p. 인상한다. 이러한 지방교육재정교부금의 보전을 위한 교부율 인상은 지방교부세율을 인하함으로써 상쇄시켜 중앙정부의 추가적인 재원손실이 발생하지 않도록 하였다.

넷째, 지방소비세를 광역·기초간 재정조정제도인 재정보전금의 재원에 포함시켜 지방소비세 도입으로 인한 시군의 지방교부세 감소를 보전하도록 한다. 지방소비세는 시도세이므로 기초자치단체에는 세수의 증가가 발생하지 않는다. 그러나 지방소비세가 도입되면 지방교부세의 규모 축소와 지방교부세율 인하로 기초자치단체인 시군의 지방교부세가 감소한다. 따라서 시군의 지방교부세 감소를 보전하기 위하여 지방소비세를 재정보전금의 재원에 포함시켜, 시도의 지방소비세수의 27%분이 시군에 재정보전금으로 교부되도록 한다.

다섯째, 지방소비세 도입으로 인한 수도권과 비수도권 간의 재원 불균형을 완화하기 위하여 2010년부터 10년간 수도권의 지방소비세수 중 일정부분을 출연하여 매년 3,000억원씩 지역상생발전기금을 조성하여 비수도권 시도를 지원하도록 한다. 지역발전상생기금은 비수도권 자치단체의 SOC 사업 등에 대해 포괄보조금 형태로 재정지원하거나 비수도권 자치단체가 지역현안 사업(기업유치 및 투자촉진, 지역 SOC 조성 등)을 위하여 대규모의 자금이 필요한 경우 장기저리로 자금을 융자하는데 사용될 예정이다.

나. 지방소비세 도입 방안의 평가

정부가 발표한 지방소비세 도입 방안을 세원의 선택, 세수의 귀속, 과세권의 귀속을 중심으로 지방소비과세 이론과의 적합성을 평가하면 다음과 같다.

첫째, 지방소비세는 부가가치세의 5%를 세원으로 하여 분여방식을 채택하였다. 이러한 유형의 지방소비세는 세수의 충분성을 보장할 수 있는 바람직한 것으로 판단된다. 더구나 2013년에는 5%를 10%로 상향 조정할 예정이므로 세수의 충분성, 안정성을 제고되며, 지방자치단체의 소비증가와 지방세수의 증가간의 연계성이 강화될 것으로 보여진다.

둘째, 지방소비세를 소비지 원칙에 충실하도록 운영하려면 소비지표에 의한 세수배분이 필요한데, 이를 위하여 다양한 소비지표가 검토되었지만 민간최종소비지출이 가장 적합한 것으로 제시되었다. 그런데 정부안에서도 소비지표로 민간최종소비지출을 선정하였다. 따라서 세수귀속에 있어서도 정부안은 지방소비세는 소비지 원칙에 충실해야 한다는 주장을 수용했다고 할 수 있다. 그러나 정부안은 자치단체간 세수불균형을 우려하여 지역별 가중치를 반영하도록 하였다. 불가피한 선택이었다고 하여도 소비지표에 가중치를 반영하여 재정조정기능을 부여한 것은 지방소비세의 지방세로서의 성격을 훼손시킨다고 볼 수 있다.

셋째, 지방소비세는 시도세로 도입되므로, 과세권의 귀속에 대한 학계의 주장을 수용하였다고 할 수 있다. 그러나 기초자치단체에는 세수의 증가는 발생하지 않고 지방교부세만 감소한다. 따라서 지방소비세를 재정보전금의 재원에 포함시켜 시군의 지방교부세 감소를 보전하도록 한 것은 적절한 조치라고 할 수 있다.

넷째, 지방소비세 도입으로 인한 수도권과 비수도권간의 재원 불균형을 완화하기 위하여 수도권의 지방소비세수 중 일부를 출연하여 지역상생발전기금을 조성하여 비수도권 시도를 지원하도록 한 것도 적절한 조치라고 평가할 수 있다.

전반적으로 지방소비세는 그동안 중앙정부가 독점적으로 소유하던 일반소비세원의 일부를 지방에 이양하여 지방세의 안정성, 성장성을 제고시켰다고 평가할 수 있다. 또한 소비지 원칙에 입각하여 최종소비지출을 배분지표로 사용함으로써 자치단체의 소비증가가 지방세수 증가로 연계될 수 있는 장치가 마련되었다고 할 수 있다. 그리고 지방소비세의 재정보전금 재원에 포함, 지역상생발전기금의 설치 등은 지방소비세 도입으로 인한 시군의 지방교부세 감소, 수도권과 비수도권간 재원불균형 심화 등을 방지하는 적절한 조치로 평가된다.

그러나 불가피한 선택이었다고 하여도 소비지표에 가중치를 반영하여 재정조정기능을 부여한 것은 지방소비세의 지방세로서의 성격을 훼손시킨다고 볼 수 있다. 따라서 이에 대한 개선방안을 검토할 필요가 있다.

2. 지방소비세 개선 방안

최근 도입이 확정된 지방소비세(안)는 세원 공유, 과세권의 귀속, 소비지표에 따른 세수의 배분 등에서는 지방소비과세 이론에 적합하다고 평가할 수 있다. 그러나 지방소비세를 민간최종소비지출에 자치단체별로 가중치를 부여한 소비지표를 기준으로 세수를 배분하도록 하여 지방소비세에 재정조정기능을 부여하였다. 지방소비세가 지방소비과세로서의 본래의 성격에 부합되려면, 이러한 재정조정기능을 완화할 필요가 있다. 지방소비세는 2012년까지는 부가가치세의 5%를 세원으로 하지만, 2013년부터는 부가가치세의 10%가 되어 규모가 확대된다. 지방소비세의 규모확대에 따라 증가되는 부가가치세의 5%분의 세수의 배분은 아직 구체적으로 결정되지는 않았다.

본 연구에서는 2013년부터 증가되는 지방소비세수의 배분을 중심으로 두 가지 방안을 제시하고자 한다.

첫째, 지방소비세의 최종소비지출에 가중치를 부여하여 세수귀속에 사용될 소비지표를 결정한 취지를 존중하여, 2013년부터 증대되는 지방세수의 배분도 현행 방식을 존중하여 그대로 적용하는 방안이다. 이 방안은 지방소비세 도입 당시 의도하였던 자치단체간 세수 불균형 완화, 수도권·비수도권간 재원불균형 완화라는 목표에 충실하게 제도를 운용하는 방안이다.

둘째, 지방소비세가 지방소비과세로서의 성격에 부합되도록 재정조정기능을 완화하는 방안이다. 즉, 지방소비세 중 일부(부가가치세 5%분)는 이미 결정된 소비지표(최종소비지출에 자치단체별 가중치 부여하여 산정)에 의해 배분하더라도, 2013년부터 증가되는 지방소비세수(부가가치세 5%분)의 배분에 대해서는 가중치를 배제하고 최종소비지출만을 기준으로 배분하도록 한다. 이 경우에 우려되는 수도권과 비수도권간 재원불균형은 지역상생발전기금 규모

확대 등을 통해 완화시키도록 한다.

제3절 지방소득세제 개편

1. 지방소득세의 평가

지방소득세는 정부안을 살펴보면, 2010년에 현행 주민세 소득할과 사업소세 종업원할을 통합하여 지방소득세를 도입하되, 3년간은 현행의 과세표준과 세율을 그대로 유지하는 방안이다. 이 방안은 지방소득세라는 세목이 신설되었어도 사실상 지방세수의 변화나 납세자의 조세부담의 변화도 발생하지 않는다. 또한 자치단체의 과세자주권을 제고시킬 수 있는 여지도 발생하지 않는 방안이다. 그러나 2013년부터는 자치단체의 과세자주권을 확충하고 국세로부터의 영향을 차단하기 위하여 현행 국세인 법인세와 소득세의 부가세 형태로 운영되고 있는 주민세 법인세할, 소득세할을 독립세 형태로 전환하는 방안을 추진할 예정이다. 2010년에 도입되는 지방소득세는 지방소득세라는 명칭의 세목만 신설되었을 뿐, 납세의무자인 주민들의 세부담, 총 세수규모, 자치단체별 세수분포 등에 있어 지방소득세 도입 전과 동일하다. 따라서 지방소득세가 국세의 영향으로부터 독립되고 자치단체의 과세자주권이 발휘될 수 있도록 하려면, 과세표준을 변경하고 이에 상응하도록 세율구조도 변경하는 제도개편이 필요하다.

지방소득세의 중심이 되는 현행 주민세 소득할은 소득세액과 법인세액을 과세표준으로 하여 10% 비례세율로 과세한다. 따라서 중앙정부가 정책적 목적으로 소득세나 법인세의 감세를 결정하면, 자치단체의 주민세 소득할도 자동적으로 세수가 감소하게 된다. 중앙정부의 감세정책으로 소득세와 법인세 및 종합부동산세가 감세되면 크게 3가지 경로를 통해 지방세입이 감소하게 된다. 첫째, 소득세와 법인세의 감세 규모의 10%에 해당하는 주민세 소득할이 감소한다. 둘째, 내국세 감세 규모의 19.24%에 해당하는 지방교부세 중 보통교부세, 특별교부세, 분권교부세가 감소하게 된다. 또한 종합부동산의 감세는 종합부동산세 전액을 재원으로 하는 부동산 교부세를 감소시키게 된다.

김경수(2009)에 의하면 2008년 하반기 국세인 소득세 · 법인세의 감세정책으로 인하여 2008년부터 2012년까지 지방재정 세입이

[표 5-1] 감세로 인한 지방재정세입 변동 : 2008-2012 (단위: 억원)

	2008	2009	2010	2011	2012	합 계
소득세 · 법인세(A)	-27,440	-80,545	-171,409	-175,409	-173,040	-627,842
지방세 중 주민세(B)	- 2,744	- 8,055	- 17,141	- 17,541	- 17,304	- 62,784
내국세(C)	-30,770	-96,303	-189,284	-195,903	-194,768	-707,027
지방교부세(D)	- 5,920	-18,529	- 36,418	- 37,692	- 37,473	-136,032
지방재정 세입감소 (B+D) (주민세+지방교부세)	- 8,664	-26,583	- 53,559	- 55,233	- 54,777	-198,816

주: 1. 지방세 중 주민세 감소분은 소득세 · 법인세 감소분의 10%임.
2. 지방교부세 감소분은 내국세 감소분의 19.24%임.

자료: 김경수(2009).

총 19조 8,816억원 감소할 것으로 전망하고 있다. 이 중에서 지방교부세 감소 규모는 13조 6,032억원이고, 주민세 감소 규모는 6조 2,784억원이다. 이러한 중앙정부의 재정정책에 따라 자치단체의 지방세수가 변동하는 것을 방지하기 위해서는 지방소득세의 중심이 되는 주민세 소득할 부분을 개편할 필요가 있다.

2. 지방소득세 개편 방안

지방소득세는 이미 지방소득과세로서 주민세 소득할이 존재하고 있었으므로 지방소득세 도입 방안은 주민세 소득할을 확대 개편하는 방안이 채택되었다. 즉, 주민세 소득할과 사업소세 종업원할을 통합하여 지방소득세라는 새로운 세목을 신설하는 방안이다. 지방소비세가 국세인 부가가치세의 일부를 지방으로 이양받아 신설하는 것과 달리, 지방소득세는 기존의 지방세목인 주민세 소득할과 사업소세 종업원할을 중심으로 개편하는 것이므로 상당 부분 기존의 주민세 소득할이 가지고 있는 성격을 유지한다.

따라서 지방소득세의 세원은 현행의 주민세 소득할이 중심이 되고 여기에 소득과세의 성격을 지닌 지방세목인 사업소세 종업원할이 포함된다. 과세주체는 현행 주민세 소득할이 특별·광역시에서는 특별·광역시세이며, 도에서는 시군세로 되어 있으므로, 지방소득세도 특별·광역시이면서, 시군세가 될 것이다. 그런데 지방소득세에 주민세 소득할 외에 사업소세 종업원할을 포함할 경우에는 과세주체의 중복이 발생한다. 즉, 현재 사업소세는 시군구세이므로 특별광역시에서는 지방소득세 중 사업소세 종업원할에 해당하는 부분을 현행대로 자치구세로 존치할 것인지, 아니면 특별광역시로 귀속시키고 자치구의 세수손실을 조정교부금으로 보전해 줄 것인지를 결정하여야 한다.

현재 지방소득세 분법안에 따르면 재산세에 도시계획세를 통 · 폐합하면서 과세주체는 현행대로 유지하는 방안을 채택하고 있다. 즉, 재산세 중 도시계획세 분은 통폐합에도 불구하고 특별광역시에 귀속되는 것으로 되어 있다. 따라서 본 연구에서도 지방소득세 중 주민세 소득할 분은 특별광역시세이며 시군세로 되며, 사업소세 종업원할은 시군구세로 존치하는 것으로 한다.

현재 주민세 소득할의 과세표준은 본세인 소득세와 법인세의 세액으로 되어 있다. 이러한 구조로 국세인 소득세와 법인세의 과세표준과 세율이 개편되어 세수가 변경되면 지방세인 주민세 소득할의 세수도 자동으로 변경되도록 되어 있다. 즉, 지방세수가 국가 정책에 따라 영향을 받는 것으로 되어 과세자주권이 침해받는 것이다. 이러한 국가정책목적 추진에 따른 지방세수 감소를 방지하여 자치단체의 자율성을 보장하기 위해서는 지방소득세 중 주민세 소득할 부분의 독립세화가 필요하다. 이를 위해 지방소득세를 도입하면서 과세표준을 소득세액과 법인세액인 아닌 개인소득과 법인소득으로 변경하고 이에 맞게 세율구조를 개편할 필요가 있다.

지방소비세 도입은 국세인 부가가치세의 지방이양을 통해 이루어 졌지만, 지방소득세는 추가적인 국가세원의 이양이 어려우므로 재원 중립을 전제로 과세표준과 세율구조 개편을 검토하여야 한다. 지방소득세 개편방안은 검토하면 다음과 같다. 지방소득세 도입 초기로 아직 제도가 정착되지 않았으므로 대안의 검토는 개편의 용이성을 고려하여 단기적 방안과 장기적 방안으로 나누어 검토한다. 우선 단기적 방안은 과세표준은 변경하지만 세율구조는 소득세의 초과누진세율 구조를 반영하여 개편하는 방안이다. 즉, 과세표준은 현행 소득세액, 법인세액에서 소득세와 법인세의 과세표준인 개인소득, 법인소득으로 변경하되 세율구조는 현행 초과누진세율구조를 반영하여 개편하는 것이다. 이렇게 과세표준과 세율구조를 개편할 경우, 납세의무자의 부담은 개편 전과 동일하고 지방세수에도 변화가 없다. 그러나 이러한 개편 이후에 발생하는 중앙정부의 소득세·법인세의 감세정책의 영향으로부터 지방소득세수는 영향을 받지 않게 된다. 다만 이 방안은 중앙·지방간 세수 중립, 납세자의 조세 부담 불변 등으로 개편은 용이하지만, 초과누진세율구조를 유지하여 세율구조도 복잡하고 지방소득세에 소득재분배 기능이 부여되어 있어 자치단체의 과세자주권을 제고시키는 데는 한계가 있다. 단기적 개편안의 세율구조를 살펴보면 [표 5-2]와 같다.

지방소득세는 주민세의 소득세할 부분, 법인세할 부분, 사업소세의 종업원할 부분으로 구분할 수 있다. 지방소득세 도입 이후에는 이들을 지방소득세 소득세할, 법인세할, 종업원할로 분류할 수 있다. 지방소득세 개편의 중심은 소득세할이 될 것이다. 종업원할 부분은 세수도 적고 과세표준이 종업원 급여 총액으로 국세와 연계가 없어 중앙정부의 조세정책의 영향을 받지 않기 때문에 개편의 필요성이 크지 않다. 또한 법인세할 부분은 비례세율로 개편해도 자치단체의 과세자주권이 크게 제고되지 않는다. 왜냐하

[표 5-2] 지방소득세 세율구조 단기적 개편안

<table>
<tr><th rowspan="2">구 분</th><th rowspan="2">과세표준</th><th colspan="2">개 편 전</th><th>개 편 후</th></tr>
<tr><th>국 세</th><th>주 민 세</th><th>지방소득세</th></tr>
<tr><td rowspan="4">소득세</td><td>1,200만원 이하</td><td>6%</td><td rowspan="6">소득세, 법인세액의 10%</td><td>0.6%</td></tr>
<tr><td>1,200초과~4,600만원 이하</td><td>15%</td><td>1.5%</td></tr>
<tr><td>4,600초과~8,800만원 이하</td><td>24%</td><td>2.4%</td></tr>
<tr><td>8,800만원 초과</td><td>33%</td><td>3.3%</td></tr>
<tr><td rowspan="2">법인세</td><td>2억원 이하</td><td>10%</td><td>1.0%</td></tr>
<tr><td>2억원 초과</td><td>20%</td><td>2.0%</td></tr>
</table>

면 법인세할은 본사에서 과세된 세수를 종업원 수와 사업장 면적으로 산정한 지표에 의하여 자치단체별로 재배분하기 때문이다. 이러한 구조 때문에 비례세율로 개편한다고 해도 자치단체가 세율을 달리 적용할 유인이 크지 않다. 따라서 지방소득세의 개편은 소득세할 부분을 중심으로 이루어져야 한다고 생각한다.

장기적으로 지방소득세 소득세할 부분의 개편은 현행의 초과누진 세율구조를 비례세율구조로 개편하는 방안이다.[2] 즉, 과세표준을 현행 소득세액에서 소득세의 과세표준인 개인 소득으로 변경하고 세율구조는 현행 초과누진세율구조에서 비례세율구조로 개편하는 것이다. 다만, 이러한 개편에도 중앙·지방간 세수중립

2) 이하의 논의에서 지방소득세 세율구조 개편은 지방소득세 도입 전의 주민세 소득세할의 세율구조 개편을 의미한다.

과 납세자 부담 중립을 유지할 수 있도록 세율을 결정해야 한다.[3)]

지방소득세 장기적 개편안을 제시하면 다음과 같다.

첫째, 주민세 소득세할을 구성하는 각각의 소득에 대하여 비례세율구조로 개편하는 방안이다. 소득세는 근로소득, 양도소득, 퇴직소득 등으로 분류되는데, 소득종류별로 과세표준 산정방식, 세율구조 등이 다르게 되어 있다. 예를 들어 근로소득에 대해서는 다양한 소득공제가 적용되지만, 퇴직소득에는 소득공제가 허용되지 않는 대신에 연분연승법을 적용하여 과세표준을 산정한다. 또한 세율도 근로소득과 종합소득은 동일한 세율구조를 가지고 있지만, 원천징수되는 이자 소득 등에 적용되는 세율구조는 근로소득과는 다르게 되어 있다. 따라서 지방소득세의 과세대상이 되는 주민세 소득세할 부분의 모든 소득에 대하여 동일한 비례세율을 적용할 수 있도록 개편하는 방안은 채택하기 어렵다. 만약 소득종류별로 다른 비례세율구조로 개편한다고 할 때, 근로소득분에 적용할 수 있는 비례세율은 1.48%로 나타났다.[4)] 이 경우 납세의무자가 납부하는 소득세와 지방소득세를 합친 총 조세부담을 개편 전과 동일하게 유지하기 위해서는 국세인 소득세의 세율구조도

3) 현행의 초과누진 세율구조를 비례세율구조로 개편하되 적정비례세율이 아닌 기초세 부분인 2.0%, 3.0%, 6% 등으로 세율구조를 개편하는 방안도 검토할 수 있다. 이 경우에는 중앙으로부터 이전되는 세수에 해당하는 재원을 지방교부세나 국고보조금 등 조정재원의 축소로 조정한다. 그러나 이 방안은 중앙·지방간 세수 중립을 보장하지 못하므로 중앙으로부터 지방으로 또는 지방에서 중앙으로 세원이양이 발생하게 되기 때문에 관련 부처간 합의가 필요하므로 실천가능성이 낮은 방안이라고 볼 수 있다. 따라서 본 연구에서는 이 방안은 검토하지 않았다.

4) 이재은 외(2009)에서는 2006년 자료를 이용하여 산정한 적정 비례세율로 소득세분이 1.58%, 법인세분이 1.99%를 제시하였다.

[표 5-3] 지방소득세 세율구조 장기적 개편안 I

구 분	과세표준	개 편 전		개 편 후	
		국 세	주 민 세	국 세	지방소득세
소득세	1,200만원 이하	6%	소득세의 10%	5.12%	1.48%
	1,200~4,600만원	15%		15.02%	
	4,600~8,800만원	24%		24.92%	
	8,800만원 초과	33%		32.33%	

변경하여 하는데, 이를 살펴보면 [표 5-3]과 같다.[5)]

둘째, 지방소득세 소득세할의 과세대상을 근로소득분만으로 한정하고 개편전의 세수를 유지할 수 있는 비례세율구조로 개편하는 것이다. 이 경우 지방소득세의 비례세율은 3.97%가 될 것이다. 이 방안은 지방소득세의 과세대상을 근로소득만으로 한정시키므로 지방소득세의 세무행정을 간소화시키는 효과가 있다. 개편으로 인한 소득세수의 감소가 발생하지 않도록 근로소득을 제외한 다른 유형의 소득에 대해서는 국세인 소득세의 세율을 현행 세율보다 10%씩 상향조정하도록 한다. 이 경우에도 납세의무자가 납부하는 소득세와 지방소득세를 합친 총 조세부담을 개편 전과 동일하게 유지하기 위해서 국세인 소득세의 세율구조도 변경하여 하는데, 이를 살펴보면 다음과 같다.

중앙 · 지방간 세수중립을 전제로 한 지방소득세 세율구조 개

5) 개편 후에도 동일한 조세부담을 유지하기 위해서 지방소득세의 과세표준은 소득세와 일치시키고 또한 소득세의 세액공제액의 10% 해당분을 지방소득세에서 세액공제하는 것으로 가정한다.

[표 5-4] 지방소득세 세율구조 장기적 개편안 Ⅱ

구 분	과세표준	개 편 전		개 편 전	
		국 세	주 민 세	국 세	지방소득세
소득세	1,200만원 이하	6%	소득세의 10%	2.63%	3.97%
	1,200~4,600만원	15%		12.53%	
	4,600~8,800만원	24%		22.43%	
	8,800만원 초과	33%		32.33%	

편방안 중 단기적 방안인 초과누진세율구조로의 개편은 납세의무자의 세수부담에 변화를 초래하지 않는다. 그러나 장기적 방안으로 제시한 비례세율구조로의 개편은 납세의무자의 소득세와 지방소득세를 합친 총 세수부담에는 변화가 없으나 그 부담의 내용은 달라진다. 즉, 납세의무자가 납부하는 소득세 근로소득분은 감소하고 지방소득세 근로소득분은 증가한다. 이를 살펴보면 다음과 같다.

제1안이나 제2안이나 각각의 소득세 과세표준을 기준으로 산정한 소득세와 지방소득세를 합친 총 조세부담은 현행과 동일하다. 그러나 소득세로 납부하는 금액과 지방소득세로 납세하는 금액의 구성은 달라진다. 과세표준이 6,000만원이 근로소득자의 총 조세부담을 살펴보면 다음과 같다.

현행 세제하에서 과세표준이 6,000만원인 근로소득자가 납부하는 소득세는 918만원이고 주민세는 91만 8천원이어서 총 조세부담은 1,009만 8천원이다. 그런데 제1안의 경우는 소득세가 921만원 지방소득세가 88만 8천원으로 총 조세부담은 1,009만 8천원

[표 5-5] 지방소득세 개편의 납세부담 변화 (단위: 천원)

과 표	현 행			제1안			제2안			세부담 합계
	소득 세율	소득세	주민세	소득 세율	소득세	지방 소득세	소득 세율	소득세	지방 소득세	
10,000	6	600	60	5.12	512	148	2.63	263	397	660
30,000	15	3,420	342	15.02	3,318	444	12.53	2,571	1,191	3,762
60,000	24	9,180	918	24.92	9,210	888	22.43	7,715	2,383	10,098
100,000	33	19,860	1,986	34.82	20,366	1,480	32.33	17,875	3,971	21,846
200,000	33	52,860	5,286	34.82	55,185	2,961	32.33	50,203	7,942	58,146

으로 현행과 동일하다. 또한 제2안의 경우도 소득세가 771만 5천원, 지방소득세가 238만 3천원으로 총 조세부담은 1,009만 8천원으로 현행 및 제1안과 동일하다. 이와같이 지방소득세를 비례세율로 변경하여도 적정 세율만 채택하면 소득세액과 지방소득세액은 변경되지만, 소득세와 지방소득세의 총 조세부담은 개편전과 동일하게 유지할 수 있다.

제 6 장

지방재정 파급효과 분석

제 1 절 지방세입 파급효과

1. 재원조달책임

2010년부터 지방소비세와 지방소득세의 도입이 확정되었다. 도입(안)에 의하면 지방소비세는 지방세수 및 지방세입의 변화가 발생하지만, 지방소득세는 이러한 변화가 발생하지 않는다. 따라서 본 연구에서는 지방재정파급효과는 지방소비세 도입으로 인한 지방세입구조 변화효과, 지방세수 증감 효과, 자치단체별 세입·세수 증감효과를 중심으로 분석하고, 지방소득세는 비례 세율구조로 개편시 자치단체별 세수변화를 중심으로 분석하고자 한다.

지방소비세는 당초에 논의되었던 방안과는 다소 상이하게 세수규모도 축소되고 세수의 배분도 재정조정기능을 부여하는 형태로 결정되었다. 2009년 9월 16일 정부가 발표한 지방소비세 도입(안)은 다음과 같다.

첫째, 지방소비세는 세원공유방식으로 도입하되 규모는 부가가치세의 5%를 지방세로 전환하여 지방으로 이양한다. 이 경우, 지방소비세수는 2009년 추경예산 기준으로 2조 3천억원으로 예상된다.

둘째, 지방소비세수는 시도별 민간최종소비지출에 가중치를 곱하여 산정한 소비지표에 의해 시도별로 배분한다. 가중치를 두는 이유는 비수도권 자치단체에 상대적으로 많은 세수가 배분되게 하여 시도별 세수 격차를 완화하기 위함이다. 소비지표에 적용되는 가중치는 수도권 100%, 비수도권 광역시 200%, 비수도권 도 300%로 결정하였다.

셋째, 지방소비세 도입에 따라 지방교부세율은 현행 19.24%에서 18.97%로 0.27%p. 인하한다. 지방소비세 도입으로 국세인 부가가치세수가 감소하며, 지방교육재정교부금도 감소한다. 지방교육재정교부금의 감소를 보전하기 위해서 교부율을 현행 20%에서 20.27%로 0.27%p. 인상한다. 이러한 지방교육재정교부금의 보전을 위한 교부율 인상은 지방교부세율을 0.27%p. 인하함으로써 상쇄시켜 중앙정부의 추가적인 재원손실을 방지한다.

넷째, 지역 균형발전을 위해 지역상생발전기금을 조성하여 비수도권 자치단체를 지원한다. 지역상생발전기금은 2010년부터 10년간 수도권 시도의 지방소비세 수입 중 일부를 출연하여 매년 3,000억원 규모로 조성하여 비수도권 자치단체에 대한 재정지원, 장기저리 대출 등을 위한 자금으로 활용한다.

이제 현행 지방재정제도하에서 정부에서 발표한 지방소비세(안)의 도입으로 인한 지방재정 파급효과를 간단히 살펴보기로 한다. 2007년 결산기준으로 부가가치세수는 40조 9,419억원이므로 지방소비세는 5%에 해당하는 2조 471억원이 된다. 이러한 재원으로 지방소비세를 도입하였을 때, 지방세입구조와 세수구조에 미치는 효과를 간단하게 살펴보기로 한다.[1)]

첫째, 지방소비세는 국세인 부가가치세의 5%를 세원으로 하므로 사실상 국세의 지방세 이양이 발생하는데 그 규모는 2007년 결산 부가가치세수의 5%인 2조 471억원으로 가정한다.

둘째, 국세의 지방세 이양에 따라 내국세의 감소가 발생하므로, 내국세 수입을 모수로 하는 지방교부세와 지방교육재정교부금의 감소가 발생한다. 또한 보통세인 지방소비세 수입은 자치단체의 교육비 특별회계 지출을 증가시킨다. 지방소비세 도입으로 지방교육재정 규모가 감소하는 것을 방지하기 위하여 지방교육재정교부금의 교부율을 현행 내국세의 20%에서 20.27%로 0.27%p. 상향 조정한다. 또한 이 재원을 자치단체의 재원에서 보전하도록 지방교부세율을 현행 19.24%에서 18.97%로 0.27%p. 하향 조정한다.

셋째, 지방소비세는 시도세로 도입되어 시도의 세수는 증가한다. 그러나 지방소비세 도입에 따라 일부 시도와 시군에는 지방교부세의 감소가 발생한다. 시도의 지방교부세 감소는 지방소비

---

1) 지방소비세 도입의 지방재정파급효과는 가장 최근 연도인 2009년도 추경예산을 대상으로 통계분석하는 것이 바람직하나, 자치단체별로 세입 내역 자료가 완전하지 못하여 2007년 결산자료를 사용하여 분석하였다. 세수 규모 등에는 차이가 있어도 지방재정에 미치는 효과는 어느 정도 정확하게 분석할 수 있을 것으로 판단된다.

세로 충분히 보전되므로, 시군의 지방교부세 감소를 위하여 시도의 지방소비세수를 재정보전금의 모수로 편입시킨다. 따라서 시도의 지방소비세수 중 27%에 해당하는 금액이 시군에 재정보전금으로 교부된다.

제Ⅰ안은 정부가 발표한 지방소비세 도입 방안이다. 그러나 제Ⅱ안과 제Ⅲ안은 지방소비세의 규모가 부가가치세의 10%로 증가된 점에서 제Ⅰ안과 다르다. 그리고 제Ⅱ안은 세수 규모에서만 차이가 있을 뿐 소비지표, 지방교부세율, 지역상생기금 조성 등에서 제Ⅰ안과 동일하다. 그러나 제Ⅲ안은 제Ⅱ안과 세수규모에서는 차이가 없지만, 최종소비지출에 가중치를 부여하는 제Ⅱ안과 달리 추가로 증가하는 5%에 해당하는 세수의 배분은 최종소비지출에 가중치를 부여하지 않은 소비지표에 의해 세수를 배분하는 방안이다.

2007년 결산기준으로 부가가치세수는 40조 9,419억원이므로 지방소비세는 5%에 해당하는 2조 471억원이 된다.[2)] 지방소비세 도입에 따른 내국세 감소와 지방교부세율 인하, 지방교육재정교부금률 인상에 따라 지방교부세는 25조 2,294억원에서 24조 5,236억원으로 7,058억원 감소한다. 그리고 교육재정교부금은 26조 8,983억원에서 26조 8,008억원으로 975억원 감소한다. 그러나 지방소비세 도입으로 지방교육재정에 교부되는 시도 전출금이 증가함으로써 지방교육재정은 도입전과 동일한 규모를 유지할 수 있다.

지방소비세 도입 후 총 예산수입 250조 7,444억원을 중앙정부

2) 이하 제1절 지방세입 구조 변화의 분석에서 설명하는 지방소비세 도입 전의 중앙·지방간 재원의 조달과 사용의 내역은 [표 3-1]을 참조하기 바람.

가 101조 751억원(40.3%)을 사용하고, 자치단체는 112조 2,763억원(44.8%)을 사용하며 지방교육재정은 37조 3,930억원(14.9%)을 사용한다.

또한 조세의 사용은 중앙정부 : 자치단체 : 지방교육재정이 85조 2,932억원(42.9%) : 79조 5,210억원(40.0%) : 34조 1,013억원(17.1%)으로 도입 전에 비해 자치단체가 사용하는 부분이 1조 2,438억원 증가한다(79조 5,210억원 – 78조 2,772억원).

지방소비세 도입으로 인한 재원조달 책임의 변화를 살펴보면 지방소비세 도입 전에는 총 예산수입의 조달책임은 중앙정부 : 자치단체가 171조 1,731억원(68.3%) : 76조 2,796억원(30.4%)으로 배분되어 있었으나, 지방소비세 도입으로 재원조달책임은 중앙정부 : 자치단체가 169조 1,260억원(67.4%) : 78조 3,267억원(31.2%)으로 자치단체의 재원조달 책임이 상당히 커지게 된다.

그리고 조세조달책임의 배분은 중앙정부 : 자치단체가 155조 3,912억원(78.1%) : 43조 5,243억원(21.9%)에서 지방소비세 도입으로 중앙정부 : 자치단체가 153조 3,441억원(77.1%) : 45조 5,714억원(22.9%)으로 자치단체의 조세조달 책임도 상당히 커지게 된다.

지방교육재정 규모는 지방소비세 도입으로 영향을 받지 않지만, 중앙정부로부터 이전받던 지방교육재정교부금은 지방소비세 도입으로 종전 26조 8,983억원에서 975억원이 감소한 26조 8,008억원이 되나 자치단체로부터 이전받는 지방교육재정 지원이 7조 2,030억원에서 975억원이 증가한 7조 3,005억원이 되어 지방교육재정의 총규모는 도입 전과 동일하다.

[표 6-1] 중앙·지방간 재원의 조달과 사용(제 I 안) (단위: 억원, %)

<table>
<tr><th colspan="2">구 분</th><th>중앙정부</th><th>자치단체</th><th>지방교육</th></tr>
<tr><td colspan="2">총 수입
2,507,444</td><td>1,691,260
(67.4)</td><td>783,267
(31.2)</td><td>32,917
(1.3)</td></tr>
<tr><td colspan="2">세외수입 등
518,289</td><td>157,819
(30.4)</td><td>327,553
(63.2)</td><td>32,917
(6.4)</td></tr>
<tr><td colspan="2">조세수입
1,989,155</td><td>1,533,441
(77.1)</td><td>455,714
(22.9)</td><td>-</td></tr>
<tr><td rowspan="3">조세수입의 배분</td><td>① 국가재정
⇒지방재정</td><td>- 412,501
지방교부세 -245,236
국고보조금 -167,265</td><td>+ 412,501
지방교부세 245,236
국고보조금 167,265</td><td>-</td></tr>
<tr><td>② 국가재정
⇒교육재정</td><td>- 268,008
교육재정 교부금 등 -268,008</td><td>-</td><td>+ 268,008
교육재정 교부금 268,008</td></tr>
<tr><td>③ 지방재정
⇒교육재정</td><td></td><td>- 73,005
법정 전입금 - 70,239
기 타 - 2,766</td><td>+ 73,005
법정 전입금 70,239
기 타 2,766</td></tr>
<tr><td colspan="2">조세사용액
1,989,155</td><td>852,932
(42.9)</td><td>795,210
(40.0)</td><td>341,013
(17.1)</td></tr>
<tr><td colspan="2">세외수입 등
518,289</td><td>157,819
(30.4)</td><td>327,553
(63.2)</td><td>32,917
(6.4)</td></tr>
<tr><td colspan="2">총 지출
2,507,444</td><td>1,010,751
(40.3)</td><td>1,122,763
(44.8)</td><td>373,930
(14.9)</td></tr>
</table>

주: 2007년 일반회계 결산기준이다.

자료: 행정안전부, 「지방세정연감」, 「지방재정연감」, 2008.
기획재정부, 「나라살림 예산개요」, 2008.

지방소비세 도입의 효과를 지출책임의 배분과 재원조달책임의 배분에서 살펴보기로 하자. 지방소비세 도입 전에는 총 재원을 중앙정부 : 자치단체 : 지방교육재정이 40.8% : 44.3% : 14.9%로 지출하였지만, 이러한 지출책임을 수행하는 데 필요한 재원조달 책임은 중앙정부 : 자치단체가 68.3% : 30.4%로 되어 있었으며 조세조달책임은 중앙정부 : 자치단체가 78.1% : 21.9%로 되어 있었다.

그러나 지방소비세 도입 이후에는 총 재원의 지출은 중앙정부 : 자치단체가 40.3% : 44.8%로 변화한다. 또한 이러한 지출책임을 수행하는 데 필요한 재원조달책임은 중앙정부 : 자치단체가 67.4% : 31.2% 으로 바뀌어 자치단체의 재원조달책임은 증대되며 또한 조세조달책임은 중앙정부 : 자치단체가 77.1% : 22.9%로 자치단체의 조세조달책임이 증대한다.

제Ⅱ안과 제Ⅲ안은 지방소비세의 규모가 부가가치세의 10%로 증가된 점에서 제Ⅰ안과 다르다. 그리고 제Ⅱ안은 세수 규모에서만 차이가 있을 뿐 소비지표, 지방교부세율, 지역상생기금 조성 등에서 제Ⅰ안과 동일하다. 그러나 제Ⅲ안은 제Ⅱ안과 세수규모에서는 차이가 없지만, 최종소비지출에 가중치를 부여하는 제Ⅱ안과 달리 추가로 증가하는 5%분 세수의 배분은 최종소비지출에 가중치를 부여하지 않은 소비지표에 의해 세수를 배분하는 방안이다. 그런데 제Ⅱ안과 제Ⅲ안은 소비지표에 가중치 부여 여부만 다를 뿐 세수규모, 지방교부세율 등에서 동일하므로 중앙·지방·지방교육재정간 재원의 조달과 사용은 동일하다.

[표 6-2] 중앙·지방간 재원의 조달과 사용(제Ⅱ안, 제Ⅲ안)

(단위: 억원, %)

<table>
<tr><th colspan="2">구 분</th><th>중앙정부</th><th>자치단체</th><th>지방교육</th></tr>
<tr><td colspan="2">총 수입
2,507,444</td><td>1,670,789
(66.6)</td><td>803,738
(32.1)</td><td>32,917
(1.3)</td></tr>
<tr><td colspan="2">세외수입 등
518,289</td><td>157,819
(30.4)</td><td>327,553
(63.2)</td><td>32,917
(6.4)</td></tr>
<tr><td colspan="2">조세수입
1,989,155</td><td>1,512,970
(76.1)</td><td>476,185
(23.9)</td><td>-</td></tr>
<tr><td rowspan="3">조세수입의 배분</td><td>① 국가재정 ⇒지방재정</td><td>- 408,624
지방교부세 -241,359
국고보조금 -167,265</td><td>+ 408,624
지방교부세 241,359
국고보조금 167,265</td><td>-</td></tr>
<tr><td>② 국가재정 ⇒교육재정</td><td>- 263,853
교육재정 교부금 등 -263,853</td><td>-</td><td>+ 263,853
교육재정 교 부 금 263,853</td></tr>
<tr><td>③ 지방재정 ⇒교육재정</td><td></td><td>- 77,160
법정전입금 - 74,308
기 타 - 2,852</td><td>+ 77,160
법정전입금 74,308
기 타 2,852</td></tr>
<tr><td colspan="2">조세사용액
1,989,155</td><td>840,494
(42.3)</td><td>807,648
(40.6)</td><td>341,013
(17.1)</td></tr>
<tr><td colspan="2">세외수입 등
518,289</td><td>157,819
(30.4)</td><td>327,553
(63.2)</td><td>32,917
(6.4)</td></tr>
<tr><td colspan="2">총 지출
2,507,444</td><td>998,313
(39.8)</td><td>1,135,201
(45.3)</td><td>373,930
(14.9)</td></tr>
</table>

주: 2007년 일반회계 결산기준.

지방소비세의 규모를 부가가치세의 10%로 할 경우, 세수는 4조 942억원이 된다. 지방소비세 도입에 따른 내국세 감소와 지방교부세율 인하, 지방교육재정교부금률 인상에 따라 지방교부세는

25조 2,294억원에서 24조 1,359억원으로 1조 935억원 감소한다. 그리고 교육재정교부금은 26조 8,983억원에서 26조 3,853억원으로 5,130억원 감소한다. 그러나 지방소비세 도입으로 지방교육재정에의 시도 전출금이 증가함으로써 지방교육재정은 도입 전과 동일한 규모를 유지할 수 있다.

지방소비세 도입 후 총 예산수입 250조 7,444억원을 중앙정부가 99조 8,313억원(39.8%)을 사용하고, 자치단체는 113조 5,201억원(45.3%)을 사용하며 지방교육재정은 37조 3,930억원(14.9%)을 사용한다.

또한 조세의 사용은 중앙정부 : 자치단체 : 지방교육재정이 84조 494억원(42.3%) : 80조 7,648억원(40.6%) : 34조 1,013억원(17.1%)으로 도입 전에 비해 조세 중 자치단체가 사용하는 부분이 2조 4,876억원 증가한다(80조 7,648억원 – 78조 2,772억원).

지방소비세 도입으로 인한 재원조달책임의 변화를 살펴보면, 지방소비세 도입 전에는 총 예산수입의 조달책임은 중앙정부 : 자치단체가 171조 1,721억원(68.3%) : 76조 2,796억원(30.4%)으로 배분되어 있었다. 그러나 지방소비세 도입으로 재원조달책임은 중앙정부 : 자치단체가 167조 789억원(66.6%) : 80조 3,738억원(32.1%)으로 자치단체의 재원조달책임이 증대된다.

그리고 조세조달책임의 배분은 중앙정부 : 자치단체가 155조 3,912억원(78.1%) : 43조 5,243억원(21.9%)에서 지방소비세 도입으로 중앙정부 : 자치단체가 151조 2,970억원(76.1%) : 47조 6,185억원(23.9%)으로 자치단체의 조세조달책임도 증대된다.

지방교육재정 규모는 지방소비세 도입으로 영향을 받지 않는다. 중앙정부로부터 이전받던 지방교육재정교부금은 지방소비세 도입으로 종전 26조 8,983억원에서 26조 3,853억원으로 5,130억원이 감소하지만, 자치단체로부터 이전받는 지방교육재정 지원이 7조 2,030억원에서 7조 7,160억원으로 5,130억원 증가하므로 지방교육재정이 총규모는 종전과 동일하다.

지방소비세 도입의 효과를 지출책임의 배분과 재원조달책임의 배분에서 살펴보기로 하자. 지방소비세 도입 전에는 총 재원을 중앙정부 : 자치단체 : 지방교육재정이 40.8% : 44.3% : 14.9%로 사용하였지만, 이러한 지출책임을 수행하는 데 필요한 재원조달책임은 중앙정부 : 자치단체가 68.3% : 30.4%로 되어 있었으며 조세조달책임은 중앙정부 : 자치단체가 78.1% : 21.9%로 되어 있었다.

그러나 지방소비세 도입 이후에는 재원조달책임은 중앙정부 : 자치단체가 제Ⅰ안의 경우는 67.4% : 31.2%, 제Ⅱ, Ⅲ안의 경우는 66.6% : 32.1%로 바뀌어 자치단체의 재원조달책임은 증대된다. 그리고 재원의 지출은 중앙정부 : 자치단체가 제Ⅰ안의 경우는 40.3% : 44.8%, 제Ⅱ, Ⅲ안의 경우는 39.8% : 45.3%로 바뀌어 자치단체의 재원 사용 규모도 증가된다. 자치단체의 재원의 지출책임과 조달책임간의 괴리는 현재 13.9%p.(44.3% – 30.4%)에서 제Ⅰ안의 경우 13.6%p.((44.8% – 31.2%), 제Ⅱ, Ⅲ안의 경우 13.2%p.(45.3% – 32.1%)로 축소된다.

지방소비세 도입의 효과를 조세를 중심으로 지출책임의 배분과 재원조달책임의 배분에서 살펴보기로 하자. 지방소비세 도입 전에는 총 조세를 중앙정부 : 자치단체 : 지방교육재정이 43.5% : 39.4% : 17.1%로 사용하였지만, 이러한 지출책임을 수행하는 데 필요한 조세조달책임은 중앙정부 : 자치단체가 78.1% : 21.9%로 되어 있었다.

그러나 지방소비세 도입 이후에는 조세조달책임은 중앙정부 : 자치단체가 제Ⅰ안의 경우는 77.1% : 22.9%, 제Ⅱ, Ⅲ안의 경우는 76.1% : 23.9%로 바뀌어 자치단체의 조세조달책임은 증대된다. 그리고 조세의 사용은 중앙정부 : 자치단체가 제Ⅰ안의 경우는 42.9% : 40.0%, 제Ⅱ, Ⅲ안의 경우는 42.3% : 40.6%로 바뀌어 자치단체의 조세 사용 규모도 증가된다. 자치단체의 조세의 지출책임과 조달책임간의 괴리는 현재 17.5%p.(39.4% – 21.9%)에서 제Ⅰ안의 경우 17.1%p.(40.0% – 22.9%), 제Ⅱ, Ⅲ안의 경우 16.7%p.(40.6% – 23.9%)로 축소된다.

[표 6-3] 중앙·지방간 재원의 조달과 사용 비교 (단위: %, %p.)

구 분		중앙정부	자치단체	교육재정
재원조달	도입 전	68.3	30.4	1.3
	도입 후(제Ⅰ안)	67.4	31.2	1.3
	도입 후(제Ⅱ,Ⅲ안)	66.6	32.1	1.3
재원사용	도입 전	40.8	44.3	14.9
	도입 후(제Ⅰ안)	40.3	44.8	14.9
	도입 후(제Ⅱ,Ⅲ안)	39.8	45.3	14.9
재원의 사용과 조달간 괴리	도입 전	-27.5	13.9	13.6
	도입 후(제Ⅰ안)	-27.1	13.5	13.6
	도입 후(제Ⅱ,Ⅲ안)	-26.8	13.2	13.6

조세조달	도입 전	78.1	21.9	--
	도입 후(제Ⅰ안)	77.1	22.9	--
	도입 후(제Ⅱ,Ⅲ안)	76.1	23.9	--
조세사용	도입 전	43.5	39.4	17.1
	도입 후(제Ⅰ안)	42.9	40.0	17.1
	도입 후(제Ⅱ,Ⅲ안)	42.3	40.6	17.1
조세의 사용과 조달간 괴리	도입 전	-34.6	17.5	17.1
	도입 후(제Ⅰ안)	-34.2	17.1	17.1
	도입 후(제Ⅱ,Ⅲ안)	-33.8	16.7	17.1

2. 지방세입 구조

지방세입 구조 개선 효과를 살펴보면, 지방소비세 도입 전 지방세입 총액은 118조 2,355억원인데, 이중에서 자주재원인 지방세가 43조 5,243억원(36.8%), 세외수입이 31조 9,734억원(27.0%)으로 자주재원비율은 63.8%이다. 그리고 이전재원인 지방교부세가 25조 2,294억원(21.3%), 국고보조금이 16조 7,265억원(14.1%)이다.

지방소비세 도입으로 인한 지방세입구조 개선효과를 살펴보면 다음과 같다. 제Ⅰ안의 경우, 지방세입 총액은 118조 2,355억원에서 1조 3,413억원 증가한 119조 5,768억원으로 확대된다. 이중에서 자주재원인 지방세가 43조 5,243억원에서 지방소비세 도입 규모인 2조 471억원이 증가한 45조 5,714억원이 되어 지방세입에서 차지하는 지방세 비중은 36.8%에서 38.1%로 높아진다.[3] 그리고

3) 지방세입규모는 앞의 중앙·지방간 재원의 조달과 사용에서 나타나는 총 지

[표 6-4] 지방세입 구조 개선 효과 (단위: 억원, %)

구 분		합 계	지 방 세	세외수입	지방교부세	국고보조금	지방채
도입 전		1,182,355	435,243	319,734	252,294	167,265	7,819
		100.0	36.8	27.0	21.3	14.1	0.7
제 I 안	규모	1,195,768	455,714	319,734	245,236	167,265	7,819
		100.0	38.1	26.7	20.5	14.0	0.7
	증감	13,413	20,471	--	-7,058	--	--
		1.1	4.7	--	-2.8	--	--
제 II, III 안	규모	1,212,361	476,185	319,734	241,359	167,265	7,819
		100.0	39.3	26.4	19.9	13.8	0.6
	증감	30,007	40,942	--	-10,935	--	--
		2.5	9.4	--	-4.3	--	--

주: 2007년 일반회계 결산 순계 기준.
자료: 행정안전부, 「지방세정연감」, 「지방재정연감」, 2008.

지방교부세는 지방소비세 도입으로 인한 내국세 감소와 지방교부세율 인하(19.24%⇒18.97%)로 7,058억원이 감소하여 24조 5,236억원이 된다. 그러나 세외수입, 국고보조금, 지방채 규모는 변화가 없으며, 그 비중만 소폭 감소한다. 지방소비세 도입으로 자주재원비율은 도입 전 63.8%에서 64.8%로 1.0%p. 높아진다.

제II안(제III안도 동일함)의 경우, 지방세입 총액은 121조 2,361억원으로 3조 7억원 증가하는데 이중에서 자주재원인 지방세가 43조 5,243억원에서 지방소비세 도입 규모인 4조 942억원이 증가

출에 지방재정에서 교육재정으로 교부하는 전입금을 합친 금액임.

한 47조 6,185억원이 되어 지방세입에서 차지하는 지방세 비중은 36.8%에서 39.3%로 높아진다. 그리고 지방교부세는 지방소비세 도입으로 인한 내국세 감소와 지방교부세율 인하(19.24%⇒18.97%)로 1조 935억원이 감소하여 24조 1,359억원이 된다. 그러나 세외수입, 국고보조금, 지방채 규모는 변화가 없으며, 그 비중만 소폭 감소한다. 지방소비세 도입으로 자주재원비율은 도입 전 63.8%에서 65.7%로 1.9%p. 높아진다.

3. 지방세수 구조

지방소비세 도입으로 인한 지방세수 구조 개선효과를 살펴보면 다음과 같다.

지방소비세 도입전 재산과세 : 소득과세 : 소비과세는 각각 23조 715억원(53.0%) : 7조 4,115억원(17.0%) : 6조 9,474억원(16.0%)이다. 제Ⅰ안의 경우는 재산과세 : 소득과세 : 소비과세는 각각 23조 715억원(50.6%) : 7조 4,115억원(16.3%) : 8조 9,945억원(19.7%)으로 된다. 즉 소비과세 비중이 도입 전의 16.0%에서 19.7%로 3.7%p. 높아진다. 그리고 제Ⅱ안(제Ⅲ안도 같음)의 경우는 재산과세 : 소득과세 : 소비과세는 각각 23조 715억원(48.5%) : 7조 4,115억원(15.6%) : 11조 476억원(23.2%)으로 개선된다. 즉 소비과세 비중이 도입 전의 16.0%에서 23.2%로 7.2%p. 높아진다. 이렇게 소비과세 비중이 높아지면, 지역경제 성장으로 인한 소비증가와 지방세수 간의 연계가 깊어지게 된다.

[표 6-5] 지방세수 구조의 개선 (단위: 억원, %)

구 분		합 계	재산과세	소득과세	소비과세	기 타
도입 전	세수	435,243	230,715	74,115	69,474	60,939
	비중	100.0	53.0	17.0	16.0	14.0
도입 후 I	세수	455,714	230,715	74,115	89,945	60,939
	비중	100.0	50.6	16.3	19.7	13.4
도입 후 II, III	세수	476,185	230,715	74,115	110,476	60,939
	비중	100.0	48.5	15.6	23.2	12.8

주: 결산 순계 기준임.
자료: 행정안전부, 「지방세정연감」, 2008.

제 2 절 자치단체별 지방재정 파급효과

1. 지방세수 구조

지방소비세 도입으로 인한 자치단체별 지방세수 변화를 살펴보면 다음과 같다. 제 I 안의 경우, 지방소비세의 총 세수 규모는 2조 470억 95백만원이다. 절대액 기준으로 세수 증가폭이 가장 큰 곳은 서울로 3,268억 8백만원이며, 다음으로 경기(2,846억 96백만원), 경남(2,087억 47백만원), 부산(1,666억 2백만원), 경북(1,565억 39백만원), 충남(1,213억 77백만원) 순이다. 전체적인 지방세수 증가율은 4.7%인데, 세수 증가폭이 가장 큰 자치단체는 전북으로 10.1%이며 전남(8.8%), 경북(8.4%), 강원(8.3%), 충북(8.2%) 순이다. 지방소비세는 시도세로 도입되므로 시도세수를 중심으로 살펴보면 전체

[표 6-6] 자치단체별 지방세수 변화 I (단위: 백만원, %)

구 분	도 입 전		지방소비세	도 입 후			
	지방세수	시도세수		지방세수	증감률	시도세수	증감률
서울	11,885,828	10,310,205	326,808	12,212,635	2.7	10,637,012	3.2
부산	2,580,854	2,307,023	166,602	2,747,457	6.5	2,473,626	7.2
대구	1,598,148	1,392,655	110,358	1,708,506	6.9	1,503,012	7.9
인천	2,207,214	1,959,436	60,720	2,267,934	2.8	2,020,156	3.1
광주	877,200	794,180	66,130	943,329	7.5	860,309	8.3
대전	1,022,282	916,228	73,134	1,095,416	7.2	989,362	8.0
울산	1,040,105	818,352	55,294	1,095,399	5.3	873,645	6.8
경기	11,465,307	6,446,331	284,696	11,750,003	2.5	6,731,026	4.4
강원	1,097,950	566,841	91,077	1,189,026	8.3	657,917	16.1
충북	1,077,314	527,972	88,176	1,165,490	8.2	616,148	16.7
충남	1,649,345	781,174	121,377	1,770,722	7.4	902,551	15.5
전북	1,015,355	444,467	102,876	1,118,231	10.1	547,343	23.1
전남	1,127,642	435,940	98,997	1,226,639	8.8	534,937	22.7
경북	1,867,493	833,996	156,539	2,024,033	8.4	990,535	18.8
경남	2,565,187	1,336,421	208,747	2,773,933	8.1	1,545,168	15.6
제주	447,094	447,094	35,567	482,661	8.0	482,661	8.0
합계	43,524,319	30,318,315	2,047,095	45,571,414	4.7	32,365,410	6.8

적으로 시도세수 증가율은 6.8%인데 자치단체별로는 전북이 23.1%로 가장 높고, 다음으로 전남(22.7%), 경북(18.8%), 충북(16.7%), 강원(16.1%), 경남(15.6%) 순이다.

제Ⅱ안의 경우, 지방소비세의 총 세수 규모는 4조 941억 90백만원이다. 절대액 기준으로 가장 세수 증가폭인 큰 곳은 서울로 6,536억 15백만원이며, 다음으로 경기(5,693억 91백만원), 경남(4,174억 93백만원), 부산(3,332억 5백만원), 경북(3,130억 78백만원), 충남(2,427억 53백만원) 순이다. 전체적인 지방세수 증가율은 9.4%인데,

[표 6-7] 자치단체별 지방세수 변화 Ⅱ (단위: 백만원, %)

구 분	도 입 전		지방소비세	도 입 후			
	지방세수	시도세수		지방세수	증감률	시도세수	증감률
서울	11,885,828	10,310,205	653,615	12,539,443	5.5	10,963,820	6.3
부산	2,580,854	2,307,023	333,205	2,914,059	12.9	2,640,228	14.4
대구	1,598,148	1,392,655	220,715	1,818,863	13.8	1,613,370	15.8
인천	2,207,214	1,959,436	121,439	2,328,654	5.5	2,080,875	6.2
광주	877,200	794,180	132,259	1,009,459	15.1	926,439	16.7
대전	1,022,282	916,228	146,267	1,168,549	14.3	1,062,495	16.0
울산	1,040,105	818,352	110,587	1,150,693	10.6	928,939	13.5
경기	11,465,307	6,446,331	569,391	12,034,698	5.0	7,015,722	8.8
강원	1,097,950	566,841	182,153	1,280,103	16.6	748,994	32.1
충북	1,077,314	527,972	176,353	1,253,667	16.4	704,325	33.4
충남	1,649,345	781,174	242,753	1,892,098	14.7	1,023,928	31.1
전북	1,015,355	444,467	205,752	1,221,107	20.3	650,219	46.3
전남	1,127,642	435,940	197,994	1,325,636	17.6	633,934	45.4
경북	1,867,493	833,996	313,078	2,180,572	16.8	1,147,074	37.5
경남	2,565,187	1,336,421	417,493	2,982,680	16.3	1,753,914	31.2
제주	447,094	447,094	71,134	518,228	15.9	518,228	15.9
합계	43,524,319	30,318,315	4,094,190	47,618,509	9.4	34,412,505	13.5

세수 증가폭이 가장 큰 자치단체는 전북으로 20.3%이며 전남(17.6%), 경북(16.8%), 강원(16.6%), 충북(16.4%) 순이다. 지방소비세는 시도세로 도입되므로 시도세수를 중심으로 살펴보면 전체적으로 시도세수 증가율은 13.5%인데 자치단체별로는 전북이 46.3%로 가장 높고, 다음으로 전남(45.4%), 경북(37.5%), 충북(33.4%), 강원(32.1%), 경남(15.9%) 순이다.

제Ⅲ안의 경우 지방소비세의 총 세수 규모는 4조 941억 90백만원으로 제Ⅱ안과 같다. 그러나 제Ⅲ안은 제Ⅱ안과 소비지표가 다르므로 자치단체별 세수의 증감규모는 차이가 있다. 자치단체별로 세수의 증감을 절대액 기준으로 살펴보면, 세수 증가폭인 가장 큰 곳은 서울로 8,801억 17백만원이며, 다음으로 경기(7,667억 6백만원), 경남(3,265억 54백만원), 부산(3,076억 37백만원), 경북(2,448억 83백만원), 대구(2,037억 79백만원) 순이다. 전체적인 지방세수 증가율은 9.4%인데, 세수 증가폭이 가장 큰 자치단체는 전북으로 15.9%이며 광주(13.9%), 전남(13.7%), 대전(13.2%), 경북(13.1%) 순이다. 지방소비세는 시도세로 도입되므로 시도세수를 중심으로 살펴보면 전체적으로 시도세수 증가율은 13.5%인데 자치단체별로는 전북이 36.2%로 가장 높고, 다음으로 전남(35.5%), 경북(29.4%), 충북(26.1%), 강원(25.1%), 경남(24.4%) 순이다.

[표 6-8] 자치단체별 지방세수 변화 Ⅲ (단위: 백만원, %)

구 분	도입전		지방소비세	도입후			
	지방세수	시도세수		지방세수	증감률	시도세수	증감률
서울	11,885,828	10,310,205	880,117	12,765,945	7.4	11,190,322	8.5
부산	2,580,854	2,307,023	307,637	2,888,492	11.9	2,614,661	13.3
대구	1,598,148	1,392,655	203,779	1,801,927	12.8	1,596,434	14.6
인천	2,207,214	1,959,436	163,523	2,370,737	7.4	2,122,959	8.3
광주	877,200	794,180	122,111	999,310	13.9	916,291	15.4
대전	1,022,282	916,228	135,044	1,157,326	13.2	1,051,272	14.7
울산	1,040,105	818,352	102,102	1,142,207	9.8	920,454	12.5
경기	11,465,307	6,446,331	766,706	12,232,013	6.7	7,213,037	11.9
강원	1,097,950	566,841	142,476	1,240,426	13.0	709,317	25.1
충북	1,077,314	527,972	137,939	1,215,253	12.8	665,911	26.1
충남	1,649,345	781,174	189,877	1,839,222	11.5	971,051	24.3
전북	1,015,355	444,467	160,935	1,176,290	15.9	605,402	36.2
전남	1,127,642	435,940	154,867	1,282,509	13.7	590,807	35.5
경북	1,867,493	833,996	244,883	2,112,377	13.1	1,078,879	29.4
경남	2,565,187	1,336,421	326,554	2,891,741	12.7	1,662,976	24.4
제주	447,094	447,094	55,639	502,733	12.4	502,733	12.4
합계	43,524,319	30,318,315	4,094,190	47,618,509	9.4	34,412,505	13.5

지방소비세 도입으로 인한 지방세수 형평화 효과를 보면 [표 6-9]와 같다.

[표 6-9] 지방소비세의 세수 형평화효과

구 분	현행 지방세	현행 시도세	도입후 Ⅰ			도입후 Ⅱ			도입후 Ⅲ		
			지방 소비세	지방세	시도세	지방 소비세	지방세	시도세	지방 소비세	지방세	시도세
변이 계수	1.2633	1.3706	0.6267	1.2320	1.3181	0.6267	1.2034	1.2720	0.8827	1.2295	1.3084

현행 지방세수의 변이계수는 1.2633이고 시도세수의 변이계수는 1.3706인데, 제Ⅰ안의 경우 지방세수 변이계수는 1.2320으로 낮아지며 시도세수 변이계수도 1.3181로 낮아진다. 이렇게 되는 이유는 지방소비세의 변이계수가 0.6267로 현행 지방세수나 시도세수의 분포보다 불균형도가 낮기 때문이다. 또한 소비지표에 가중치를 사용하여 세수를 배분하므로 상대적으로 비수도권 광역시와 도에 많은 세수가 배분되기 때문이다.

제Ⅱ안의 경우 지방세수 변이계수는 1.2034으로 낮아지며 시도세수 변이계수도 1.2720으로 낮아진다. 이렇게 되는 이유는 지방소비세의 변이계수가 0.6267로 현행 지방세수나 시도세수의 분포보다 불균형도가 낮기 때문이다. 또한 소비지표에 가중치를 사용하여 세수를 배분하므로 상대적으로 비수도권 광역시와 도에 많은 세수가 배분되기 때문이다. 그리고 불균형도가 낮은 지방소비세수가 제Ⅰ안에 비해 2배로 증가하였기 때문이다.

제Ⅲ안의 경우 지방세수 변이계수는 1.2295로 낮아지며 시도세수 변이계수도 1.3084로 낮아진다. 이렇게 되는 이유는 지방소비세의 변이계수가 0.8827로 현행 지방세수나 시도세수의 분포보다 불균형도가 낮기 때문이다. 또한 소비지표에 가중치를 사용하여 세수를 배분하므로 상대적으로 비수도권 광역시와 도에 많은 세수가 배분되기 때문이다. 그러나 소비지표에 모두 가중치를 사용하여 배분한 제Ⅰ안과 제Ⅱ안과 달리 제Ⅲ안은 지방소비세수의 1/2은 최종소비지출에 가중치를 사용하여 배분하지만, 나머지 1/2은 최종소비지출에 가중치를 부여하지 않았기 때문에 상대적으로 불균형도가 높게 나타난다.

2. 지방세입 구조

지방소비세 도입으로 자치단체의 지방세입구조는 다음과 같이 변화된다.

제Ⅰ안의 경우, 지방세입은 1조 3,412억 70백만원이 증가하는데, 지방세수는 2조 470억 95백만원이 증가하고 지방교부세는 7,058억 25백만원이 감소한다. 자치단체별 지방세입 변화를 살펴보면 모든 자치단체에서 세입증가가 나타나는데 세입 증가규모가 가장 큰 곳은 서울로 3,268억 8백만원이며, 다음으로 경기(2,728억 22백만원), 경남(962억 20백만원), 경북(859억 27백만원), 전남(676억 37백만원), 부산(657억 23백만원) 순이다. 전체적으로 세입은 1.13% 증가하는데 가장 증가율인 높은 곳은 서울로 1.89%이며 다음으로 인천(1.39%), 경기(1.24%), 대전(1.24%), 광주(1.21%), 부산(1.19%) 순이다. 세입의 증가를 세수의 증가와 비교할 때 상대적으로 수도권인 서울, 인천, 경기의 증가율이 높게 나타난 것은 이들 자치단체 본청이 보통교부세 불교부단체이어서 보통교부세의 감소가 발생하지 않기 때문이다.

[표 6-10] 자치단체별 지방세입 구조 변화(제Ⅰ안) (단위: 백만원, %)

구 분	현행세입	도 입 후				
		지방소비세	지방교부세	도입후 세입	세입순증	증 가 율
서울	17,303,183	326,808	0	17,629,990	326,808	1.89
부산	5,505,274	166,602	-100,879	5,570,997	65,723	1.19
대구	3,695,254	110,358	-66,975	3,738,637	43,383	1.17
인천	4,421,360	60,720	838	4,482,918	61,558	1.39
광주	2,089,964	66,130	-40,914	2,115,179	25,215	1.21
대전	2,032,506	73,134	-47,852	2,057,788	25,282	1.24
울산	2,210,813	55,294	-34,302	2,231,805	20,992	0.95
경기	21,942,881	284,696	-11,873	22,215,704	272,822	1.24
강원	8,023,421	91,077	-28,544	8,085,953	62,532	0.78
충북	5,242,795	88,176	-39,277	5,291,694	48,899	0.93
충남	6,797,932	121,377	-62,090	6,857,219	59,287	0.87
전북	6,518,602	102,876	-45,025	6,576,453	57,851	0.89
전남	9,464,926	98,997	-31,360	9,532,564	67,637	0.71
경북	9,906,835	156,539	-70,613	9,992,762	85,927	0.87
경남	10,722,002	208,747	-112,527	10,818,222	96,220	0.90
제주	2,357,830	35,567	-14,433	2,378,964	21,134	0.90
합계	118,235,579	2,047,095	-705,825	119,576,848	1,341,270	1.13

제Ⅱ안의 경우, 지방세입은 3조 6억 46백만원이 증가하는데, 지방세수는 4조 941억 90백만원이 증가하고 지방교부세는 1조 935억 44백만원이 감소한다. 자치단체별 지방세입 변화를 살펴보면

모든 자치단체에서 세입증가가 나타나는데 가장 세입 증가규모가 큰 곳은 서울로 6,536억 15백만원이며, 다음으로 경기(5,701억 5백만원), 경북(2,291억 60백만원), 경남(2,278억 12백만원), 전남(1,924억 29백만원), 강원(1,647억 2백만원) 순이다. 전체적으로 세입은 2.54% 증가하는데 증가율이 가장 높은 곳은 서울로 3.78%이며 다음으로 인천(2.85%), 경기(2.60%), 광주(2.55%), 대전(2.44%), 대구(2.40%) 순이다. 제Ⅰ안과 유사하게 제Ⅱ안의 경우에도 세입의 증가를 세수의 증가와 비교할 때 상대적으로 수도권인 서울, 인천, 경기의 증가율이 높게 나타나는데, 그 이유는 이들 자치단체 본청이 보통교부세 불교부단체이어서 보통교부세의 감소가 발생하지 않기 때문이다.

[표 6-11] 자치단체별 지방세입 구조 변화(제Ⅱ안) (단위: 백만원, %)

구 분	현행세입	도입후				
		지방소비세	지방교부세	도입후 세입	세입순증	증가율
서울	17,303,183	653,615	0	17,956,798	653,615	3.78
부산	5,505,274	333,205	-202,939	5,635,540	130,266	2.37
대구	3,695,254	220,715	-132,203	3,783,767	88,512	2.40
인천	4,421,360	121,439	4,595	4,547,394	126,034	2.85
광주	2,089,964	132,259	-79,038	2,143,185	53,221	2.55
대전	2,032,506	146,267	-96,625	2,082,148	49,642	2.44
울산	2,210,813	110,587	-68,279	2,253,121	42,308	1.91
경기	21,942,881	569,391	714	22,512,986	570,105	2.60
강원	8,023,421	182,153	-17,451	8,188,123	164,702	2.05
충북	5,242,795	176,353	-51,516	5,367,632	124,837	2.38
충남	6,797,932	242,753	-95,909	6,944,776	146,844	2.16
전북	6,518,602	205,752	-49,664	6,674,690	156,088	2.39

전남	9,464,926	197,994	-5,565	9,657,356	192,429	2.03
경북	9,906,835	313,078	-83,919	10,135,995	229,160	2.31
경남	10,722,002	417,493	-189,681	10,949,814	227,812	2.12
제주	2,357,830	71,134	-26,065	2,402,899	45,069	1.91
합계	118,235,579	4,094,190	- 1,093,544	121,236,224	3,000,646	2.54

제Ⅲ안의 경우 제Ⅱ안과 동일하게 지방세입은 3조 6억 46백만원이 증가하는데, 지방세수는 4조 941억 90백만원이 증가하고 지방교부세는 1조 935억 44백만원이 감소한다. 그러나 자치단체별 지방세입 변화는 다르게 나타나는데, 이를 살펴보면 모든 자치단체에서 세입증가가 나타나는데 세입 증가규모가 가장 큰 곳은 서울로 8,801억 17백만원이며, 다음으로 경기(7,245억 75백만원), 인천(1,648억 70백만원), 경남(1,613억 2백만원), 경북(1,536억 64백만원), 부산(1,319억 80백만원) 순이다. 전체적으로 세입은 2.54%증가하는데 증가율이 가장 높은 곳은 서울로 5.09%이며 다음으로 인천(3.73%), 경기(3.30%), 부산(2.40%), 광주(2.32%), 대전(2.25%) 순이다. 제Ⅰ안, 제Ⅱ안과 유사하게 제Ⅲ안의 경우에도 세입의 증가를 세수의 증가와 비교할 때 상대적으로 수도권인 서울, 인천, 경기의 증가율이 높게 나타나는데, 그 이유는 이들 자치단체 본청이 보통교부세 불교부단체이어서 보통교부세의 감소가 발생하지 않기 때문이다. 또한 제Ⅲ안에서 수도권 자치단체의 세입증가율이 제Ⅱ안보다 높게 나타난 것은 5% 해당분에 대해서 민간최종소비지출에 가중치를 부여하지 않은 소비지표를 기준으로 세수를 배분하였기 때문이다.

[표 6-12] 자치단체별 지방세입 구조 변화(제Ⅲ안) (단위: 백만원, %)

구 분	현행세입	도입후				
		지방소비세	지방교부세	도입후 세입	세입순증	증가율
서울	17,303,183	880,117	0	18,183,300	880,117	5.09
부산	5,505,274	307,637	-175,657	5,637,254	131,980	2.40
대구	3,695,254	203,779	-124,790	3,774,244	78,990	2.14
인천	4,421,360	163,523	1,348	4,586,230	164,870	3.73
광주	2,089,964	122,111	-73,580	2,138,494	48,531	2.32
대전	2,032,506	135,044	-89,319	2,078,231	45,725	2.25
울산	2,210,813	102,102	-64,006	2,248,909	38,096	1.72
경기	21,942,881	766,706	-42,131	22,667,456	724,575	3.30
강원	8,023,421	142,476	-19,748	8,146,149	122,728	1.53
충북	5,242,795	137,939	-51,118	5,329,616	86,821	1.66
충남	6,797,932	189,877	-87,081	6,900,727	102,795	1.51
전북	6,518,602	160,935	-55,010	6,624,528	105,925	1.62
전남	9,464,926	154,867	-29,915	9,589,878	124,952	1.32
경북	9,906,835	244,883	-91,219	10,060,500	153,664	1.55
경남	10,722,002	326,554	-165,253	10,883,303	161,302	1.50
제주	2,357,830	55,639	-26,065	2,387,405	29,575	1.25
합계	118,235,579	4,094,190	- 1,093,544	121,236,224	3,000,646	2.54

3. 계층별 세입구조

지방소비세 도입으로 인한 자치단체 계층별 세입증감을 살펴보면 다음과 같다. 지방소비세 도입으로 변화되는 것은 지방세입 중 지방세와 지방교부세이므로 이들 항목을 중심으로 도입효과를 살펴보면 다음과 같다.

제Ⅰ안의 경우, 지방세입은 현재보다 1조 3,412억 70백만원(1.13%)이 증가한다. 계층별로는 지방세입 증가규모를 살펴보면, 특별시 본청이 3,268억 8백만원(3.06%), 광역시 본청이 2,366억 64백만원(1.88%), 도 본청이 4,978억 52백만원(1.84%)이다. 그리고 시가 1,695억 60백만원(0.50%), 군이 1,048억 98백만원(0.53%), 광역시 군이 54억 89백만원(0.42%) 증가한다. 그러나 자치구는 세입의 변화가 없다. 시와 군은 지방교부세가 감소함에도 재정보전금이 증가하여 실질적으로는 세입의 증가가 발생한다. 지방소비세가 시도세로 도입되기 때문에 상대적으로 광역자치단체의 세입증가 폭이 기초자치단체에 비해 크게 나타난다. 광역자치단체는 1조 613억 23백만원(2.11%) 증가하는 데 비해 기초자치단체는 2,799억 46백만원(0.41%)증가한다.[4)]

지방세수는 2조 470억 95백만원이 증가하는데 지방소비세가 시도세이므로 세수증대는 광역자치단체에서만 나타난다. 증가 규모는 특별시 본청이 3,268억 8백만원, 광역시 본청이 5,322억 37백

---

4) 지방소비세는 시도세로 도입되어 시도의 세수는 증가하지만, 시군에는 지방교부세의 감소가 발생한다. 시군의 지방교부세 감소를 보전하기 위하여 시도의 지방소비세수를 재정보전금의 모수로 편입시킨다. 따라서 시도의 지방소비세수 중 27%에 해당하는 금액이 시군에 재정보전금으로 교부된다. 이러한 광역·기초 간 재정조정에 의해서 시군에도 세입의 변화가 발생한다. 또한 정부(안)에서는 지방소비세 도입으로 인한 세입의 증가가 시도에 집중되는 것을 완화하기 위해서, 시도의 취·등록세 감소분을 보전해주던 부동산교부세를 전액 시군구에 배정하기로 하였다. 이것까지 감안하면 기초자치단체의 세입의 증가 규모는 본 연구의 분석에서 나타난 것보다 클 것이다.

만원, 도 본청이 1조 1,880억 51백만원이다. 지방교부세는 7,058억 25백만원이 감소한다. 광역자치단체의 지방교부세 감소규모는 6,725억 70백만원인데, 광역시 본청이 2,854억 59백만원 감소하고, 도 본청이 3,871억 11백만원 감소한다. 기초자치단체의 지방교부세 감소규모는 332억 56백만원인데, 시가 642억 7백만원 감소하고, 광역시 군이 46억 25백만원 감소한다. 그리고 도의 군은 355억 76백만원 증가한다. 도의 군의 지방교부세가 증가하는 것은 지방교부세의 전반적인 규모 축소에도 불구하고 상대적으로 광역자치

[표 6-13] 자치단체 계층별 세입변화(제 I 안) (단위: 백만원, %)

구 분		현행 세입	지방 소비세	지방 교부세	재정 보전금	도입후 세입	세입 증감	증가율
특별시	본청	10,665,639	326,808	0	0	10,992,447	326,808	3.06
	자치구	6,637,544	0	0	0	6,637,544	0	0.00
광역시	본청	12,617,587	532,237	-285,459	-10,114	12,864,364	236,664	1.88
	자치구	6,041,772	0	0	0	6,041,772	0	0.00
	군	1,295,812	0	-4,625	10,114	1,291,188	5,489	0.42
도	본청	27,094,685	1,188,051	-387,111	-303,089	27,895,625	497,852	1.84
	시	34,169,079	0	-64,207	233,767	34,104,872	169,560	0.50
	군	19,713,460	0	35,576	69,322	19,749,036	104,898	0.53
합 계		118,235,579	2,047,095	-705,825	0	119,576,848	1,341,270	1.13
광역합계		50,377,911	2,047,095	-672,570	-313,202	51,752,436	1,061,323	2.11
기초합계		67,857,668	0	-33,256	313,202	67,824,412	279,946	0.41

단체의 지방교부세 감소폭이 크기 때문이다. 즉, 시도 본청의 지방소비세 증가가 기준재정수입을 증가시켜 시도 본청에 교부되던 지방교부세 규모가 대폭 감소하여 이 재원이 군의 지방교부세 증가를 가져왔기 때문이다.

제Ⅱ안의 경우, 지방세입은 현재보다 3조 6억 46백만원(2.54%)이 증가한다. 계층별로 지방세입 증가규모를 살펴보면, 특별시 본청이 6,536억 15백만원(6.13%), 광역시 본청이 4,733억 12백만원(3.75%), 도 본청이 1조 328억 29백만원(3.81%)이다. 그리고 시가 4,670억 14백만원(1.37%), 군이 3,572억 3백만원(1.81%), 광역시 군이 166억 72백만원(1.29%) 증가한다. 그러나 자치구는 세입의 변화가 없다. 시와 군은 지방교부세가 감소함에도 재정보전금이 증가하여 실질적으로는 세입의 증가가 발생한다. 지방소비세가 시도세로 도입되었기 때문에 상대적으로 광역자치단체의 세입증가폭이 기초자치단체에 비해 크게 나타난다. 광역자치단체는 2조 1,597억 57백만원(4.29%) 증가하는데 비해, 기초자치단체는 8,408억 89백만원(1.24%) 증가한다.

지방세수는 4조 941억 90백만원이 증가하는데 지방소비세가 시도세이므로 세수증대는 광역자치단체에서만 나타난다. 증가규모는 특별시 본청이 6,536억 15백만원, 광역시 본청이 1조 644억 73백만원, 도 본청이 2조 3,761억 2백만원이다. 지방교부세는 1조 935억 44백만원이 감소한다. 광역자치단체의 지방교부세 감소규모는 1조 3,080억 29백만원인데, 광역시 본청이 5,709억 34백만원 감소하고, 도 본청이 7,370억 95백만원 감소한다. 기초자치단체의 지방교부세는 오히려 2,144억 85백만원 증가하는데, 시는 5억 19

[표 6-14] 자치단체 계층별 세입변화(제Ⅱ안) (단위: 백만원, %)

구분		현행 세입	지방 소비세	지방 교부세	재정 보전금	도입후 세입	세입 증감	증 가 율
특별시	본청	10,665,639	653,615	0	0	11,319,254	653,615	6.13
	자치구	6,637,544	0	0	0	6,637,544	0	0.00
광역시	본청	12,617,587	1,064,473	-570,934	-20,227	13,090,899	473,312	3.75
	자치구	6,041,772	0	0	0	6,041,772	0	0.00
	군	1,295,812	0	-3,555	20,227	1,312,484	16,672	1.29
도	본청	27,094,685	2,376,102	-737,095	-606,177	28,127,514	1,032,829	3.81
	시	34,169,079	0	-519	467,534	34,636,094	467,014	1.37
	군	19,713,460	0	218,559	138,644	20,070,663	357,203	1.81
합 계		118,235,579	4,094,190	-1,093,544	0	121,236,224	3,000,646	2.54
광역합계		50,377,911	4,094,190	-1,308,029	-626,404	53,164,072	2,159,757	4.29
기초합계		67,857,668	0	214,485	626,404	68,072,153	840,889	1.24

백만원 감소하고, 광역시 군이 35억 55백만원 감소한다. 그리고 도의 군은 2,185억 59백만원 증가한다. 도의 군에서 지방교부세가 증가하는 것은 지방교부세의 전반적인 규모 축소에도 불구하고 상대적으로 광역자치단체의 지방교부세 감소폭이 크기 때문이다. 즉, 시도 본청의 지방소비세 증가가 기준재정수입을 증가시켜 시도 본청에 교부되던 지방교부세 규모가 대폭 감소하여 이 재원이 군의 지방교부세 증가를 가져왔기 때문이다.

제Ⅲ안은 제Ⅱ안과 동일하게 지방세입은 현재보다 3조 6억 46백만원(2.54%)이 증가한다. 그러나 계층별 지방세입 증가규모는 다르게 나타나는데, 특별시 본청이 8,801억 17백만원(8.25%), 광역시 본청이 4,967억 85백만원(3.94%), 도 본청이 1조 386억 90백만원(3.83%)이다. 그리고 시가 3,602억 28백만원(1.05%), 군이 2,134억 19백만원(1.08%), 광역시 군이 114억 6백만원(0.88%) 증가한다. 그러나 자치구는 세입의 변화가 없다. 시와 군은 지방교부세의 감소에도 불구하고 재정보전금이 증가하여 실질적으로는 세입의 증가가 발생한다. 지방소비세가 시도세로 도입되기 때문에 상대적으로 광역자치단체의 세입증가폭이 기초자치단체에 비해 크게 나타난다. 광역자치단체는 2조 4,155억 92백만원(4.79%) 증가하는데 비해 기초자치단체는 5,850억 54백만원(0.86%) 증가한다. 그러나 제Ⅱ안에 비해 제Ⅲ안에서 기초자치단체의 증가폭이 상대적으로 적게 나타난 것은 지방소비세의 1/2에 해당되는 세수에 가중치를 부여하지 않고 배분하였기 때문이다. 즉, 제Ⅲ안에서는 제Ⅱ에 비해 특별시·광역시에 비해 도에 적은 지방세수가 배분되어 도에서 시군에 교부하는 재정보전금이 감소하였기 때문이다.

지방세수는 4조 941억 90백만원이 증가하는데 지방소비세가 시도세이므로 세수증대는 광역자치단체에서만 나타난다. 증가규모는 특별시 본청이 8,801억 17백만원, 광역시 본청이 1조 341억 96백만원, 도 본청이 2조 1,798억 77백만원이다. 지방교부세는 1조 935억 44백만원이 감소한다. 광역자치단체의 지방교부세 감소규모는 1조 933억 74백만원인데, 광역시 본청이 5,165억원 감소하고, 도 본청이 5,768억 74백만원 감소한다. 기초자치단체의 지방교부세는 1억 70백만원 감소하는데 시는 877억 20백만원 감소하고, 광역시 군은 95억 5백만원 감소한다. 그리고 도의 군은 970억 55백

[표 6-15] 자치단체 계층별 세입변화(제Ⅲ안) (단위: 백만원, %)

구 분		현행 세입	지방 소비세	지방 교부세	재정 보전금	도입후 세입	세입 증감	증 가 율
특별시	본청	10,665,639	880,117	0	0	11,545,756	880,117	8.25
	자치구	6,637,544	0	0	0	6,637,544	0	0.00
광역시	본청	12,617,587	1,034,196	-516,500	-20,911	13,114,372	496,785	3.94
	자치구	6,041,772	0	0	0	6,041,772	0	0.00
	군	1,295,812	0	-9,505	20,911	1,307,218	11,406	0.88
도	본청	27,094,685	2,179,877	-576,874	-564,313	28,133,375	1,038,690	3.83
	시	34,169,079	0	-87,720	447,948	34,529,308	360,228	1.05
	군	19,713,460	0	97,055	116,365	19,926,880	213,419	1.08
합 계		118,235,579	4,094,190	-1,093,544	0	121,236,224	3,000,646	2.54
광역합계		50,377,911	4,094,190	-1,093,374	-585,224	53,378,726	2,415,592	4.79
기초합계		67,857,668	0	-170	585,224	67,857,498	585,054	0.86

만원 증가한다. 도의 군의 지방교부세가 증가하는 것은 지방교부세의 전반적인 규모 축소에도 불구하고 상대적으로 광역자치단체의 지방교부세 감소폭이 크기 때문이다. 즉, 시도 본청의 지방소비세 증가가 기준재정수입을 증가시켜 시도 본청에 교부되던 지방교부세 규모가 대폭 감소하여 이 재원이 군의 지방교부세 증가를 가져왔기 때문이다.

4. 지방재원 구조

지방소비세 도입으로 지방세수가 증가하고, 지방교부세 수입은 감소한다. 그러나 지방교부세 감소폭이 지방세수 증가폭보다 작으므로 전반적으로 지방세입은 증가하였다. 또한 모든 자치단체에서 세입의 순증이 발생하였다. 그러나 지방소비세 도입으로 인한 자치단체 재원의 변화를 살펴보려면 세입의 변화뿐만 아니라 세출의 변화도 고려해야 한다. 시도에서는 시도세 중 보통세의 일정 부분을 지방교육재정 전출금으로 지급한다. 그 비율은 서울 10%, 광역시 및 경기 5%, 기타 도 3.6%이다.[5] 따라서 지방소비세수 중 일정 부분은 지방교육재정으로 전출된다. 이러한 세출 증가를 고려해서 실질적인 재원증감을 살펴보면 다음과 같다.

제Ⅰ안의 경우 재원 증가규모가 가장 큰 곳은 서울로 2,967억 61백만원이며, 다음으로 경기(2,597억 35백만원), 경남(893억 11백만원), 경북(807억 45백만원), 전남(643억 61백만원), 강원(595억 18백만원) 순이다. 전체적으로 세입은 1.05%증가하는데 증가율이 가장 높은 곳은 서울로 1.72%이며 다음으로 인천(1.33%), 경기(1.18%), 대전(1.08%), 광주(1.06%), 부산(1.05%) 순이다.

5) 본 분석에서는 지방소비세 도입 이후에도 지방교육재정 규모에 변동이 없도록 자치단체별 지방교육전출금을 조정하였다.

[표 6-16] 시도별 세입 및 재원의 변화(제Ⅰ안) (단위: 백만원, %)

구분	현행세입	지방 소비세	지방 교부세	세입증가	증가율	지방교육 전출금	재원증감	증가율
서울	17,303,183	326,808	0	326,808	1.89	-30,047	296,761	1.72
부산	5,505,274	166,602	-100,879	65,723	1.19	-7,659	58,065	1.05
대구	3,695,254	110,358	-66,975	43,383	1.17	-5,073	38,310	1.04
인천	4,421,360	60,720	838	61,558	1.39	-2,791	58,766	1.33
광주	2,089,964	66,130	-40,914	25,215	1.21	-3,040	22,175	1.06
대전	2,032,506	73,134	-47,852	25,282	1.24	-3,362	21,920	1.08
울산	2,210,813	55,294	-34,302	20,992	0.95	-2,542	18,450	0.83
경기	21,942,881	284,696	-11,873	272,822	1.24	-13,087	259,735	1.18
강원	8,023,421	91,077	-28,544	62,532	0.78	-3,014	59,518	0.74
충북	5,242,795	88,176	-39,277	48,899	0.93	-2,918	45,981	0.88
충남	6,797,932	121,377	-62,090	59,287	0.87	-4,017	55,269	0.81
전북	6,518,602	102,876	-45,025	57,851	0.89	-3,405	54,446	0.84
전남	9,464,926	98,997	-31,360	67,637	0.71	-3,277	64,361	0.68
경북	9,906,835	156,539	-70,613	85,927	0.87	-5,181	80,745	0.82
경남	10,722,002	208,747	-112,527	96,220	0.90	-6,909	89,311	0.83
제주	2,357,830	35,567	-14,433	21,134	0.90	-1,177	19,957	0.85
합계	118,235,579	2,047,095	-705,825	1,341,270	1.13	-97,500	1,243,770	1.05

제Ⅱ안의 경우 재원 증가규모가 가장 큰 곳은 경기로 5,012억 45백만원이며, 다음으로 서울(4,955억 24백만원), 경북(2,018억 99백만원), 경남(1,914억 59백만원), 전남(1,751억 89백만원), 강원(1,488억 41백만원) 순이다. 전체적으로 세입은 2.10% 증가하는데 증가율이

가장 높은 곳은 서울로 2.86%이며 다음으로 인천(2.52%), 경기(2.28%), 전북(2.12%), 충북(2.09%), 경북(2.04%) 순이다.

[표 6-17] 시도별 세입 및 재원의 변화(제Ⅱ안) (단위: 백만원, %)

구분	현행세입	지방 소비세	지방 교부세	세입증가	증가율	지방교육 전출금	재원증가	증가율
서울	17,303,183	653,615	0	653,615	3.78	-158,091	495,524	2.86
부산	5,505,274	333,205	-202,939	130,266	2.37	-40,296	89,970	1.63
대구	3,695,254	220,715	-132,203	88,512	2.40	-26,692	61,820	1.67
인천	4,421,360	121,439	4,595	126,034	2.85	-14,686	111,348	2.52
광주	2,089,964	132,259	-79,038	53,221	2.55	-15,995	37,226	1.78
대전	2,032,506	146,267	-96,625	49,642	2.44	-17,689	31,953	1.57
울산	2,210,813	110,587	-68,279	42,308	1.91	-13,374	28,934	1.31
경기	21,942,881	569,391	714	570,105	2.60	-68,860	501,245	2.28
강원	8,023,421	182,153	-17,451	164,702	2.05	-15,861	148,841	1.86
충북	5,242,795	176,353	-51,516	124,837	2.38	-15,356	109,481	2.09
충남	6,797,932	242,753	-95,909	146,844	2.16	-21,137	125,707	1.85
전북	6,518,602	205,752	-49,664	156,088	2.39	-17,916	138,172	2.12
전남	9,464,926	197,994	-5,565	192,429	2.03	-17,240	175,189	1.85
경북	9,906,835	313,078	-83,919	229,160	2.31	-27,261	201,899	2.04
경남	10,722,002	417,493	-189,681	227,812	2.12	-36,353	191,459	1.79
제주	2,357,830	71,134	-26,065	45,069	1.91	-6,194	38,875	1.65
합계	118,235,579	4,094,190	-1,093,544	3,000,646	2.54	-513,000	2,487,645	2.10

제Ⅲ안의 경우 재원 증가규모가 가장 큰 곳은 서울로 6,828억 96백만원이며, 다음으로 경기(6,386억 71백만원), 인천(1,465억 49백만원), 경남(1,349억 58백만원), 경북(1,339억 10백만원), 전남(1,124억

[표 6-18] 시도별 세입 및 재원의 변화(제Ⅲ안) (단위: 백만원, %)

구분	현행세입	지방 소비세	지방 교부세	세입증가	증가율	지방교육 전출금	재원증감	증가율
서울	17,303,183	880,117	0	880,117	5.09	-197,221	682,896	3.95
부산	5,505,274	307,637	-175,657	131,980	2.40	-34,468	97,512	1.77
대구	3,695,254	203,779	-124,790	78,990	2.14	-22,832	56,158	1.52
인천	4,421,360	163,523	1,348	164,870	3.73	-18,321	146,549	3.31
광주	2,089,964	122,111	-73,580	48,531	2.32	-13,682	34,849	1.67
대전	2,032,506	135,044	-89,319	45,725	2.25	-15,131	30,594	1.51
울산	2,210,813	102,102	-64,006	38,096	1.72	-11,440	26,656	1.21
경기	21,942,881	766,706	-42,131	724,575	3.30	-85,904	638,671	2.91
강원	8,023,421	142,476	-19,748	122,728	1.53	-11,494	111,234	1.39
충북	5,242,795	137,939	-51,118	86,821	1.66	-11,128	75,694	1.44
충남	6,797,932	189,877	-87,081	102,795	1.51	-15,317	87,478	1.29
전북	6,518,602	160,935	-55,010	105,925	1.62	-12,983	92,943	1.43
전남	9,464,926	154,867	-29,915	124,952	1.32	-12,493	112,459	1.19
경북	9,906,835	244,883	-91,219	153,664	1.55	-19,755	133,910	1.35
경남	10,722,002	326,554	-165,253	161,302	1.50	-26,343	134,958	1.26
제주	2,357,830	55,639	-26,065	29,575	1.25	-4,488	25,086	1.06
합계	118,235,579	4,094,190	-1,093,544	3,000,646	2.54	-513,000	2,487,646	2.10

59백만원) 순이다. 전체적으로 세입은 2.10% 증가하는데, 증가율이 가장 높은 곳은 서울로 3.95%이며 다음으로 인천(3.31%), 경기(2.91%), 부산(1.77%), 광주(1.67%), 대구(1.52%) 순이다.

지방소비세 도입으로 인한 지방세수, 지방세입, 지방재원의 변화를 살펴보았다. 전반적으로 보면 수도권인 서울, 인천, 경기에 상대적으로 세수, 세입 및 재원의 증가가 크게 나타난다. 지방소비세 도입으로 인한 지방세입, 지방재원 형평화효과를 살펴보면, 다음과 같다. 현행 지방세입의 변이계수는 0.7357이다.

제Ⅰ안의 경우 지방세입의 변이계수는 0.7379로 높아지며 지방재원의 변이계수도 0.7378로 높아진다. 이렇게 되는 이유는 소비지표에 가중치를 사용하여 세수를 배분하므로 상대적으로 비수도권 광역시와 도에 많은 세수가 배분되기 때문에 지방소비세의 변이계수는 0.6267로 현행 지방세입보다 불균형도가 낮다. 그러나 지방소비세 도입으로 인한 지방교부세의 감소가 불교부단체인 수도권 시도에는 발생하지 않기 때문에 지방소비세 도입이 지방세입의 불균형을 오히려 조장하게 되는 것이다. 그러나 지방재정전출금을 감안한 지방재원 불균형은 지방세입 분포보다는 불균형도가 낮은데, 이는 서울, 경기와 광역시의 출연율이 도보다 높아 지방교육재정전출금이 더 많이 지출되기 때문이다.

제Ⅱ안의 경우 지방세입의 변이계수는 0.7390으로 높아지며 지방재원의 변이계수도 0.7387로 높아진다. 이렇게 되는 이유는 소비지표에 가중치를 사용하여 세수를 배분하므로 상대적으로 비수도권 광역시와 도에 많은 세수가 배분되기 때문에 지방소비세의 변이계수는 0.6267로 현행 지방세입보다 불균형도가 낮다. 그러나 지방소비세 도입으로 인한 지방교부세의 감소가 불교부단체인 수도권 시도에는 발생하지 않기 때문에 지방소비세 도입이 지방세입의 불균형을 오히려 조장하게 되는 것이다. 또한 지방교부세 감소규모가 제Ⅱ안이 제Ⅰ안보다 크기 때문이다. 제Ⅱ안에서도 지방교육재정전출금을 감안한 지방재원 불균형은 지방세입 불균형보다 불균형도가 낮은데, 이는 서울, 경기와 광역시의 출연율이 도보다 높아 지방교육재정전출금이 더 많이 지출되기 때문이다.

제Ⅲ안의 경우 지방세수 변이계수는 0.7454으로 높아지며 지방재원 변이계수도 0.7441로 높아진다. 소비지표에 가중치를 사용하여 지방소비세수를 배분하는 제Ⅰ안이나 제Ⅱ안에 비해 제Ⅲ안의 경우에는 지방소비세수의 1/2은 가중치를 부여하지 않았기 때문에 상대적으로 수도권 시도와 광역시에 많은 세수가 배분되고, 지방소비세의 변이계수도 0.8827로 현행 지방세입보다 불균형도가 높기 때문이다. 그리고 지방소비세 도입으로 인한 지방교부세의 감소가 불교부단체인 수도권 시도에는 발생하지 않기 때문에 지방소비세 도입이 지방세입의 불균형을 오히려 조장하게 되는 것이다. 또한 지방교부세 감소규모가 제Ⅲ안이 제Ⅰ안보다 크기 때문이다. 제Ⅲ안에서도 지방교육재정전출금을 감안한 지방재원은 지방세입보다 불균형도가 낮은데, 이는 서울, 경기와 광역시의 출연율이 도보다 높아 지방교육재정전출금이 더 많이 지출되기 때문이다.

[표 6-19] 방안별 세입 형평화효과

구 분	현행세입	지방소비세	지방세입	지방재원
제Ⅰ안	0.7357	0.6267	0.7379	0.7378
제Ⅱ안	0.7357	0.6267	0.7390	0.7387
제Ⅲ안	0.7357	0.8827	0.7454	0.7441

최근 지방소비세 도입 논의의 단초는 수도권 규제완화에 따른 비수도권의 불이익을 보전한다는 지역균형발전이었다. 그런데 결과적으로 오히려 수도권에 지방세수, 지방세입, 지방재원이 상대적으로 크게 증가하는 것은 다소 문제가 있다. 또한 지방소비세 도입이 지방세수, 시도세수 불균형은 완화시킨다고 해도, 지방세입이나 지방재원의 불균형을 심화시키는 것도 문제이다.

지방소비세 도입과정에서 이러한 점들이 예견되었으므로 지방소비세는 세수 불균형을 야기하지 않도록 세수배분에 적용되는 민간최종소비지출에 가중치를 주어 세수를 배분하도록 제도를 설계하였다. 뿐만 아니라 수도권에 세수가 집중하는 것을 완화하고 수도권 규제완화에 대한 비수도권의 불만을 무마하기 위하여 지역상생발전기금을 조성하여 비수도권을 지원하도록 하였다. 지역상생발전기금은 수도권 자치단체인 서울, 인천, 경기가 지방소비세의 일정 부분을 출연하여 조성한다. 그리고 조성된 기금은 직접지원 또는 지방채 인수 등의 방법으로 비수도권 자치단체의 사회간접자본 투자 등에 사용할 재원을 지원하도록 하였다.[6]

6) 정부(안)에서 지방소비세 중 지역상생기금을 출연하는 비율은 서울 35%, 인천 45%, 경기 45%로 되어 있는데, 본 연구의 분석에서는 자치단체별로 안분한 후 총 규모인 3,000억원에 맞게 이를 조정하였음.

지방소비세 도입은 지방세수, 지방세입, 지방재원에 변화를 가져온다. 나아가 지역상생발전기금의 출연 및 배분은 자치단체별로 실질적인 지방재원의 변화를 가져온다. 지방소비세 도입으로 인한 이러한 전반적인 변화를 살펴보면 다음과 같다.

제Ⅰ안을 살펴보면 다음과 같다.

첫째, 지방소비세수는 2조 470억 95백만원인데, 수도권에는 6,722억 23백만원(32.84%)이 귀속되고 비수도권에는 1조 3,748억 72백만원(67.16%)이 귀속된다. 지방소비세는 지방세입을 1.73%증가시키는데, 수도권은 1.54%, 비수도권은 1.84% 증가시키는 것으로 나타난다.

둘째, 지방소비세 도입으로 인한 지방세수 증가와 지방교부세 감소를 고려한 지방세입의 증가를 살펴보면, 지방세입 증가규모는 1조 3,412억 70백만원인데, 수도권에는 6,611억 87백만원(49.30%)이 귀속되고 비수도권에는 6,800억 82백만원(50.70%)이 귀속된다. 지방소비세는 지방세입을 1.13% 증가시키는데, 수도권은 1.51%, 비수도권은 0.91% 증가시키는 것으로 나타난다. 지방세입의 증가가 상대적으로 수도권에 크게 나타나는 것은, 수도권, 서울, 인천, 경기의 본청이 불교부단체이고, 서울·인천의 자치구도 불교부단체이므로 지방소비세 도입으로 세수가 증대해도 지방교부세의 감소가 발생하지 않기 때문이다. 즉, 지방소비세 도입으로 인한 지방교부세 감소효과가 주로 비수도권 자치단체에 집중되기 때문이다.

셋째, 지방교육전출금 증가라는 세출의 변화까지 고려한 지방재원의 변화를 살펴보면 전체적인 지방재원 증가규모는 1조 2,437억 70백만원인데, 수도권에는 6,152억 62백만원(49.47%)이 귀속되고 비수도권에는 6,285억 7백만원(50.53%)이 귀속된다. 지방세입 대비 지방재원증가율은 1.05%인데, 수도권은 1.41%, 비수도권은 0.84%인 것으로 나타난다.

넷째, 지역상생발전기금까지 고려한 실질적인 지방재원의 변화를 살펴보면, 전체적인 지방재원 증가규모는 1조 2,437억 77백만원인데, 수도권에는 3,152억 62백만원(25.34%)이 귀속되고 비수도권에는 9,285억 7백만원(74.65%)이 귀속된다. 지방세입 대비 실질적인 지방재원증가율은 1.05%인데, 수도권은 0.79%, 비수도권은 1.20%인 것으로 나타난다. 수도권과 비수도권의 현해 지방세입 분포가 수도권 : 비수도권이 36.93 : 63.07인 점을 고려하면, 지방소비세 도입으로 인한 실질적인 지방재원 증가의 혜택은 상대적으로 비수도권이 큰 것으로 나타난다. 이와같이 지방소비세 도입시 우려했던 수도권의 재원편중 현상은 발생하지 않는다.

[표 6-20] 시도별 세입 및 재원의 변화(제 I 안) (단위: 백만원, %)

구분	현행 세입	지방 소비세	증가율	지방 교부세	세입 순증	증가율	지방 교육 전출금	재원 증감	증감률	상생 기금	실질적 재원 증감	증감률
서울	17,303,183	326,808	1.89	0	326,808	1.89	-30,047	296,761	1.72	-127,177	169,584	0.98
인천	4,421,360	60,720	1.37	838	61,558	1.39	-2,791	58,766	1.33	-30,380	28,386	0.64
경기	21,942,881	284,696	1.30	-11,873	272,822	1.24	-13,087	259,735	1.18	-142,443	117,292	0.53
수도권	43,667,424 (36.93)	672,223 (32.84)	1.54	-11,035	661,187 (49.30)	1.51	-45,925	615,262 (49.47)	1.41	-300,000	315,262 (25.34)	0.70
비수도권	74,568,154 (63.07)	1,374,872 (67.16)	1.84	-694,790	680,082 (50.70)	0.91	-51,575	628,507 (50.53)	0.84	300,000	928,507 (74.65)	1.25
합계	118,235,579 (100.00)	2,047,095	1.73	-705,825	1,341,270 (100.00)	1.13	-97,500	1,243,770 (100.00)	1.05	0	1,243,770 (100.00)	1.05

제Ⅱ안을 살펴보면 다음과 같다.

첫째, 지방소비세수는 4조 941억 90백만원인데, 수도권에는 1조 3,444억 46백만원(32.84%)이 귀속되고 비수도권에는 2조 7,497억 44백만원(67.16%)이 귀속된다. 지방소비세는 지방세입을 3.46% 증가시키는데, 수도권은 3.08%, 비수도권은 3.69% 증가시키는 것으로 나타난다.

둘째, 지방세입 증가규모는 3조 6억 46백만원인데, 수도권에는 1조 3,497억 54백만원(44.88%)이 귀속되고 비수도권에는 1조 6508억 91백만원(55.02%)이 귀속된다. 전체적으로 지방세입은 2.54% 증가하는데, 수도권은 3.09%, 비수도권은 2.21% 증가한다.

셋째, 지방교육전출금 증가라는 세출의 변화까지 고려한 지방재원의 변화를 살펴보면, 전체적인 지방재원 증가규모는 2조 4,876억 45백만원인데, 수도권에는 1조 1,081억 17백만원(44.54%)이 귀속되고 비수도권에는 1조 3,795억 28백만원(55.46%)이 귀속된다. 지방세입 대비 지방재원증가율은 2.10%인데, 수도권은 2.54%, 비수도권은 1.85%인 것으로 나타난다.

넷째, 지역상생발전기금까지 고려한 실질적인 지방재원의 변화를 살펴보면, 전체적인 지방재원 증가규모는 2조 4,876억 45백만원인데, 수도권에는 8,081억 17백만원(32.49%)이 귀속되고 비수도권에는 1조 6,795억 28백만원(67.51%)이 귀속된다. 지방세입 대비 실질적인 지방재원증가율은 2.10%인데, 수도권은 1.85%, 비수도권은 2.25%인 것으로 나타난다. 수도권과 비수도권의 현해 지방세입 분포가 수도권 : 비수도권이 36.93 : 63.07인 점을 고려하면, 지방소비세 도입으로 인한 실질적인 지방재원 증가의 혜택은 상

[표 6-21] 시도별 세입 및 재원의 변화(제Ⅱ안) (단위: 백만원, %)

구분	현행 세입	지방 소비세	증가율	지방 교부세	세입 순증	증가율	지방교육 전출금	재원 증감	증감률	상생 기금	실질적 재원 증감	증감률
서울	17,303,183	653,615	3.78	0	653,615	3.78	-158,091	495,524	2.86	-127,177	368,347	2.13
인천	4,421,360	121,439	2.75	4,595	126,034	2.85	-14,686	111,348	2.52	-30,380	80,968	1.83
경기	21,942,881	569,391	2.59	714	570,105	2.60	-68,860	501,245	2.28	-142,443	358,802	1.64
수도권	43,667,424 (36.93)	1,344,446 (32.84)	3.08	5,309	1,349,754 (44.88)	3.09	-241,637	1,108,117 (44.54)	2.54	-300,000	808,117 (32.49)	1.85
비수도권	74,568,154 (63.07)	2,749,744 (67.16)	3.69	-1,098,853	1,650,891 (55.02)	2.21	-271,364	1,379,528 (55.46)	1.85	300,000	1,679,528 (67.51)	2.25
합계	118,235,579 (100.00)	4,094,190 (100.00)	3.46	-1,093,544	3,000,646 (100.00)	2.54	-513,001	2,487,645 (100.00)	2.10	0	2,487,645 (100.00)	2.10

대적으로 비수도권이 큰 것으로 나타난다. 그러나 제Ⅰ안에 비해 제Ⅱ안에서 상대적으로 수도권의 실질적인 재원증가가 크게 나타난 것은 지방소비세 규모는 2배로 증가하였지만, 지역상생기금 규모는 3,000억원으로 그대로 유지되기 때문이다.

제Ⅲ안을 살펴보면 다음과 같다. 제Ⅲ안은 지방소비세, 지방교육전출금, 상생기금의 규모에서 제Ⅱ안과 동일하나, 자치단체별로 귀속되는 규모가 다르다.

첫째, 지방소비세수는 제Ⅱ안과 동일하게 4조 941억 90백만원이지만, 수도권에는 1조 8,103억 46백만원(44.22%)이 귀속되고 비수도권에는 2조 2,838억 44백만원(55.78%)이 귀속된다. 지방소비세는 지방세입을 3.46% 증가시키는데, 수도권은 4.15%, 비수도권은 3.06% 증가시키는 것으로 나타난다.

둘째, 지방세입 증가규모는 3조 6억 46백만원인데, 수도권에는 1조 7,695억 62백만원(58.97%)이 귀속되고 비수도권에는 1조 2,310억 84백만원(41.03%)이 귀속된다. 전체적으로 지방세입은 2.54% 증가하는데, 수도권은 4.05%, 비수도권은 1.65% 증가한다.

셋째, 지방교육전출금 증가라는 세출의 변화까지 고려한 지방재원의 변화를 살펴보면, 전체적인 지방재원 증가규모는 2조 4,876억 45백만원인데, 수도권에는 1조 4,681억 15백만원(59.02%)이 귀속되고 비수도권에는 1조 195억 30백만원(40.98%)이 귀속된다. 지방세입 대비 지방재원 증가율은 2.10%인데, 수도권은 3.36%, 비수도권은 1.37%인 것으로 나타난다.

넷째, 지역상생발전기금까지 고려한 실질적인 지방재원의 변화를 살펴보면, 전체적인 지방재원 증가규모는 2조 4,876억 45백만원인데, 수도권에는 1조 1,681억 16백만원(46.96%)이 귀속되고 비수도권에는 1조 3,195억 30백만원(53.04%)이 귀속된다. 지방세입 대비 실질적인 지방재원 증가율은 2.10%인데, 수도권은 2.68%, 비수도권은 1.77%인 것으로 나타난다. 수도권과 비수도권의 현해 지방세입 분포가 수도권 : 비수도권이 36.93 : 63.07인 점을 고려하면, 지방소비세 도입으로 인한 실질적인 지방재원 증가의 혜택은 상대적으로 수도권이 큰 것으로 나타난다. 그러나 제Ⅱ안에 비해 제Ⅲ안에서 상대적으로 수도권의 실질적인 재원증가가 크게 나타난 것은 지방소비세 규모는 2배로 증가하면서 수도권에 더 많은 지방소비세수가 귀속되었기 때문이다. 실질적 재원증감에서 제Ⅲ안은 제Ⅱ안보다 수도권에 3,599억 98백만원의 재원이 더 증가하는 것으로 나타난다. 따라서 제Ⅱ안 대신에 제Ⅲ안을 채택할 경우

[표 6-22] 시도별 세입 및 재원의 변화(제Ⅲ안) (단위: 백만원, %)

구분	현행 세입	지방 소비세	증가율	지방 교부세	세입 순증	증가율	지방교육 전출금	재원 증감	증감률	상생 기금	실질적 재원증감	증감률
서울	17,303,183	880,117	5.09	0	880,117	5.09	-197,221	682,896	3.95	-127,177	555,719	3.21
인천	4,421,360	163,523	3.70	1,348	164,870	3.73	-18,321	146,549	3.31	-30,380	116,169	2.63
경기	21,942,881	766,706	3.49	-42,131	724,575	3.30	-85,904	638,671	2.91	-142,443	496,228	2.26
수도권	43,667,424 (36.93)	1,810,346 (44.22)	4.15	-40,784	1,769,562 (58.97)	4.05	-301,446	1,468,115 (59.02)	3.36	-300,000	1,168,115 (46.96)	2.68
비수도권	74,568,154 (63.07)	2,283,844 (55.78)	3.06	-1,052,761	1,231,084 (41.03)	1.65	-211,554	1,019,530 (40.98)	1.37	300,000	1,319,530 (53.04)	1.77
합계	118,235,579 (100.00)	4,094,190 (100.00)	3.46	-1,093,544	3,000,646 (100.00)	2.54	-513,000	2,487,645 (100.00)	2.10	0	2,487,645 (100.00)	2.10

에는 지역상생발전기금의 규모의 확대를 검토할 필요가 있다.

제3절 지방소득세 개편의 효과 분석

1. 지방세수 증감효과

지방소득세의 비례세율로의 개편은 납세의무자 세부담 중립, 중앙·지방간 세수 중립을 전제로 한다. 따라서 개편으로 인한 지방세수 규모의 변화는 발생하지 않는다. 그러나 자치단체간 지방세수는 변화한다.

본 연구에서는 제시한 지방소득세 비례세율화 방안은 다음과 같다.

제1안은 소득세 근로소득 원천징수분을 대상으로 초과누진세율을 비례세율로 개편하는 방안이다. 이 경우 현재 주민세 소득할 중 근로소득분의 과표는 소득세액에서 소득세의 과세표준으로 변경하고 세율도 10%에서 비례세율로 변경한다. 2007년 소득세 근로소득분의 세수규모는 14조 1,137억 96백만원이었다. 따라서 지방소득세 소득할 중 근로소득분은 1조 4,113억 80백만원이라고 할 수 있다. 이러한 자료를 대상으로 분석한 결과 지방소득세 근로소득세분의 적정 비례세율은 1.48%로 나타났다.

제2안은 지방소득세 소득세할의 과세대상을 근로소득분으로 한정하고, 소득세할의 대상이 되는 양도소득 등 다른 유형의 소득은 지방세 소득세할의 과세대상에서 제외하고 국세인 소득세만을 과세한다. 그리고 양도소득 등 다른 유형의 소득에 대해서는 소득세의 세율을 10% 인상하여 지방소득세 개편으로 인한 소득세의 세수손실을 방지한다. 2007년 주민세 소득세할의 규모는 3조 7,857억 37백만원이었다. 이러한 자료를 대상으로 분석한 결과 지방소득세 소득세할의 적정 비례세율은 3.79%로 나타났다.

이들 두 가지 방안은 지방세수규모는 개편 전과 동일하다. 그리고 납세의무자의 소득세나 지방소득세의 부담도 개편 전과 동일하다. 그러나 자치단체별 세수에는 변화가 발생하는데, 이를 살펴보면 다음과 같다.

지방소득세 개선으로 인한 자치단체별 지방세수 변화를 살펴보면 다음과 같다. 제1안의 경우, 지방소득세의 총 세수규모는 1

조 4,113억 80백만원으로 개편 전이나 개편 후나 동일하다. 그러나 자치단체별로는 세수의 변화가 발생한다. 절대액 기준으로 세수 증가폭이 가장 큰 곳은 부산으로 81억 18백만원이며, 다음으로 인천(77억원), 경남(68억 93원), 충남(53억 61백만원), 경북(52억 54백만원), 충북(51억 59백만원) 순이다. 그러나 서울과 울산에서는 각각 -637억 39백만원, 울산 13억 60백만원의 세수감소가 발생한다. 상대적인 증감률을 살펴보면 가장 세수 증가폭이 큰 자치단체는 충북으로 0.48%이며 전북(0.44%), 광주(0.38%), 인천(0.35%), 강원(0.34%) 순이다. 그리고 세수감소가 발생하는 서울, 울산의 세수감소율은 각각 -0.54%, -0.13%이다.[7]

제2안의 경우, 지방소득세의 총 세수규모는 3조 7,857억 87백만원으로 개편 전이나 개편 후나 동일하다.[8] 그러나 자치단체별로는 세수의 변화가 발생한다. 절대액 기준으로 세수증가폭이 가장 큰 곳은 울산으로 574억 71백만원이며, 다음으로 경북(479억 20백만원), 경남(467억 70백만원), 광주(273억 7백만원), 충북(258억 27백만원), 대전(255억 32백만원) 순이다. 그러나 서울, 경기, 대구와 인천에서는 각각 -1,474억 96백만원, -1,390억 35백만원, -136억 28백만원, -21억 14백만원의 세수감소가 발생한다. 상대적인 증감률을 살펴보면 가장 세수 증가폭이 큰 자치단체는 울산으로 5.53%이며 광주(3.11%), 경북(2.57%), 대전(2.50%), 충북(2.40%) 순

7) 지방소득세는 지방소비세수가 증대하는 2013년에 개편하는 것으로 가정하였으므로 2010년의 지방재정 변화를 나타내는 지방소비세 제Ⅰ안은 사실상 크게 관계가 없지만, 지방재정 파급효과의 비교를 위해서 제Ⅰ안도 분석에 포함시켰음.

8) 지방소득세수 3조 7,857억 87백만원은 2007년 결산기준 주민세 소득세할 징수규모와 동일함.

[표 6-23] 지방소득세 비례세율의 세수증감 효과 (단위: 백만원, %)

구분	지방세	제1안				제2안			
		개편전	개편후	증감	증감률	개편전	개편후	증감	증감률
서울	11,885,828	628,925	565,185	-63,739	-0.54	1,663,510	1,516,014	-147,496	-1.24
부산	2,580,854	62,553	70,671	8,118	0.31	176,793	189,562	12,769	0.49
대구	1,598,148	29,513	34,506	4,993	0.31	106,184	92,556	-13,628	-0.85
인천	2,207,214	50,008	57,709	7,700	0.35	156,908	154,794	-2,114	-0.10
광주	877,200	26,765	30,140	3,375	0.38	53,538	80,846	27,307	3.11
대전	1,022,282	34,433	36,869	2,436	0.24	73,362	98,894	25,532	2.50
울산	1,040,105	56,054	54,693	-1,360	-0.13	89,235	146,706	57,471	5.53
경기	11,465,307	265,984	269,160	3,176	0.03	861,012	721,977	-139,035	-1.21
강원	1,097,950	21,520	25,199	3,679	0.34	54,595	67,593	12,998	1.18
충북	1,077,314	26,748	31,906	5,159	0.48	59,756	85,583	25,827	2.40
충남	1,649,345	37,608	42,969	5,361	0.33	105,434	115,256	9,822	0.60
전북	1,015,355	22,754	27,251	4,497	0.44	52,029	73,096	21,068	2.07
전남	1,127,642	23,439	26,766	3,327	0.30	57,039	71,796	14,757	1.31
경북	1,867,493	55,313	60,566	5,254	0.28	114,539	162,459	47,920	2.57
경남	2,565,187	63,361	70,253	6,893	0.27	141,673	188,443	46,770	1.82
제주	447,094	6,404	7,536	1,131	0.25	20,181	20,214	33	0.01
합계	43,524,319	1,411,380	1,411,380	0	0.00	3,785,787	3,785,787	0	0.00

이다. 그리고 세수감소가 발생하는 서울, 경기, 대구, 인천의 세수감소율은 각각 -1.24%, -1.21%, -0.85%, -0.10%이다.

2. 동시 개편의 지방세수 증감효과

지방소비세와 지방소득세를 동시에 개편하였을 경우의 지방세수 증감효과를 살펴보기로 한다.

우선 지방소비세(제Ⅰ안)가 도입되고, 또 지방소득세가 개편되는 경우에 자치단체별 지방세수 증감효과를 살펴보면 다음과 같다. 지방소득세 개편은 지방세수 증가규모에 영향을 미치지 않는다. 먼저 지방소비세(제Ⅰ안)가 도입되면 지방세수는 2조 470억 95백만원으로 4.70%가 증가한다. 그리고 지방세수 증가규모를 보면 절대액 기준으로 세수 증가폭이 가장 큰 곳은 서울로 3,268억 8백만원이며, 다음으로 경기(2,846억 96백만원), 경남(2,087억 47백만원), 부산(1,666억 2백만원), 경북(1,565억 39백만원), 충남(1,213억 77백만원) 순이다. 전체적인 지방세수 증가율은 4.70%인데, 세수 증가폭이 가장 큰 자치단체는 전북으로 10.13%이며, 전남(8.78%), 경북(8.38%), 강원(8.30%), 충북(8.18%) 순이다. 그러나 지방소득세 개편까지 고려하면 세수증가의 정도는 다소 달라진다. 즉 지방소비세(제Ⅰ안)와 지방소득세(제1안)가 동시에 시행될 경우, 절대액 기준으로 세수 증가폭이 가장 큰 곳은 경기로 2,878억 72백만원이며, 다음으로 서울(2,630억 68백만원), 경남(2,156억 39백만원), 부산(1,747억 21백만원), 경북(1,617억 93백만원), 충남(1,267억 38백만원) 순이다. 전체적인 지방세수 증가율은 4.7%인데, 세수 증가폭이 가장 큰 자치단체는 전북으로 10.57%이며, 전남(9.07%), 충북(8.66%), 경북(8.66%), 강원(8.63%) 순이다.

[표 6-24] 지방소비세와 지방소득세 동시 개편의 세수증감 효과 I

(단위: 백만원, %)

구 분	지 방 세	지방소비세 제I안	증감률	지방소비세 I +지방소득세1	증감률	지방소비세 I +지방소득세2	증감률
서울	11,885,828	326,808	2.75	263,068	2.21	179,312	1.51
부산	2,580,854	166,602	6.46	174,721	6.77	179,372	6.95
대구	1,598,148	110,358	6.91	115,351	7.22	96,729	6.05
인천	2,207,214	60,720	2.75	68,420	3.10	58,605	2.66
광주	877,200	66,130	7.54	69,505	7.92	93,437	10.65
대전	1,022,282	73,134	7.15	75,569	7.39	98,666	9.65
울산	1,040,105	55,294	5.32	53,933	5.19	112,764	10.84
경기	11,465,307	284,696	2.48	287,872	2.51	145,661	1.27
강원	1,097,950	91,077	8.30	94,756	8.63	104,075	9.48
충북	1,077,314	88,176	8.18	93,335	8.66	114,003	10.58
충남	1,649,345	121,377	7.36	126,738	7.68	131,198	7.95
전북	1,015,355	102,876	10.13	107,373	10.57	123,944	12.21
전남	1,127,642	98,997	8.78	102,324	9.07	113,754	10.09
경북	1,867,493	156,539	8.38	161,793	8.66	204,459	10.95
경남	2,565,187	208,747	8.14	215,639	8.41	255,516	9.96
제주	447,094	35,567	7.96	36,698	8.21	35,600	7.96
합계	43,524,319	2,047,095	4.70	2,047,095	4.70	2,047,095	4.70

다음으로 지방소비세(제 I 안)와 지방소득세(제 2 안)가 동시에 시행될 경우, 절대액 기준으로 세수 증가폭이 가장 큰 곳은 경남으로 2,555억 16백만원이며, 다음으로 경북(2,044억 59백만원), 부산(1,793억 72백만원), 서울(1,793억 12백만원), 경기(1,456억 61백만원), 충남(1,311억 98백만원) 순이다. 전체적인 지방세수 증가율은 4.70%

인데, 가장 세수 증가폭이 큰 자치단체는 전북으로 12.21%이며 경북(10.95%), 울산(10.84%), 광주(10.65%), 충북(10.58%) 순이다.

다음으로 지방소비세(제Ⅱ안)가 도입되고, 또 지방소득세가 개편되는 경우에 자치단체별 지방세수 증감효과를 살펴보면 다음과 같다. 지방소득세 개편은 지방세수 증가규모에 영향을 미치지 않는다. 먼저 지방소비세(제Ⅱ안)가 도입되면 지방세수는 지방소비세의 총 세수규모는 4조 941억 90백만원이다. 절대액 기준으로 세수 증가폭이 가장 큰 곳은 서울로 6,536억 15백만원이며, 다음으로 경기(5,693억 91백만원), 경남(4,174억 93백만원), 부산(3,332억 5백만원), 경북(3,130억 78백만원), 충남(2,427억 53백만원) 순이다. 전체적인 지방세수 증가율은 9.41%인데, 세수 증가폭이 가장 큰 자치단체는 전북으로 20.26%이며, 전남(17.56%), 경북(16.76%), 강원(16.59%), 충북(16.37%) 순이다. 그러나 지방소득세 개편까지 고려하면 세수증가의 정도는 다소 달라진다. 즉 지방소비세(제Ⅱ안)와 지방소득세(제1안)가 동시에 시행될 경우, 절대액 기준으로 세수 증가폭이 가장 큰 곳은 서울로 5,898억 76백만원이며, 다음으로 경기(5,725억 67백만원), 경남(4,243억 86백만원), 부산(3,413억 23백만원), 경북(3,183억 32백만원), 충남(2,481억 14백만원) 순이다. 전체적인 지방세수 증가율은 9.41%인데, 가장 세수 증가폭이 큰 자치단체는 전북으로 20.71%이며 전남(17.85%), 경북(17.05%), 강원(16.93%), 충북(16.85%) 순이다. 다음으로 지방소비세(제Ⅱ안)와 지방소득세(제2안)가 동시에 시행될 경우, 절대액 기준으로 세수 증가폭이 가장 큰 곳은 서울로 5,061억 20백만원이며, 다음으로 경남(4,642억 63백만원), 경기(4,303억 56백만원), 경북(3,609억 98백만원), 부산(3,459

억 74백만원), 충남(2,525억 75백만원) 순이다. 전체적인 지방세수 증가율은 9.41%인데, 세수 증가폭이 가장 큰 자치단체는 전북으로 22.34%이며 경북(19.33%), 전남(18.87%), 충북(18.77%), 광주(18.19%) 순이다.

[표 6-25] 지방소비세와 지방소득세 동시 개편의 세수증감 효과 Ⅱ

(단위: 백만원, %)

구 분	지 방 세	지방소비세 제Ⅱ안	증감률	지방소비세Ⅱ +지방소득세1	증감률	지방소비세Ⅱ +지방소득세2	증감률
서울	11,885,828	653,615	5.50	589,876	4.96	506,120	4.26
부산	2,580,854	333,205	12.91	341,323	13.23	345,974	13.41
대구	1,598,148	220,715	13.81	225,708	14.12	207,087	12.96
인천	2,207,214	121,439	5.50	129,140	5.85	119,325	5.41
광주	877,200	132,259	15.08	135,635	15.46	159,566	18.19
대전	1,022,282	146,267	14.31	148,703	14.55	171,799	16.81
울산	1,040,105	110,587	10.63	109,227	10.50	168,058	16.16
경기	11,465,307	569,391	4.97	572,567	4.99	430,356	3.75
강원	1,097,950	182,153	16.59	185,832	16.93	195,152	17.77
충북	1,077,314	176,353	16.37	181,511	16.85	202,180	18.77
충남	1,649,345	242,753	14.72	248,114	15.04	252,575	15.31
전북	1,015,355	205,752	20.26	210,249	20.71	226,820	22.34
전남	1,127,642	197,994	17.56	201,321	17.85	212,751	18.87
경북	1,867,493	313,078	16.76	318,332	17.05	360,998	19.33
경남	2,565,187	417,493	16.28	424,386	16.54	464,263	18.10
제주	447,094	71,134	15.91	72,265	16.16	71,167	15.92
합계	43,524,319	4,094,190	9.41	4,094,190	9.41	4,094,190	9.41

다음으로 지방소비세(제Ⅲ안)가 도입되고, 또 지방소득세가 개편되는 경우에 자치단체별 지방세수 증감효과를 살펴보면 다음과 같다. 먼저 지방소비세(제Ⅲ안)가 도입되면 지방소비세의 총 세수규모는 4조 941억 90백만원이다. 절대액 기준으로 세수 증가폭이 가장 큰 곳은 서울로 8,801억 17백만원이며, 다음으로 경기(7,667억 6백만원), 경남(3,265억 54백만원), 부산(3,076억 37백만원), 경북(2,448억 83백만원), 대구(2,037억 79백만원) 순이다. 전체적인 지방세수 증가율은 9.41%인데, 세수 증가폭이 가장 큰 자치단체는 전북으로 15.85%이며 광주(13.92%), 전남(13.73%), 대전(13.21%), 경북(13.11%) 순이다.

그러나 지방소득세 개편까지 고려하면 세수증가의 정도는 다소 달라진다. 즉 지방소비세(제Ⅲ안)와 지방소득세(제1안)가 동시에 시행될 경우, 절대액 기준으로 세수 증가폭이 가장 큰 곳은 서울로 8,163억 78백만원이며, 다음으로 경기(7,698억 82백만원), 경남(3,334억 47백만원), 부산(3,157억 56백만원), 경북(2,501억 37백만원), 대구(2,087억 72백만원) 순이다. 전체적인 지방세수 증가율은 9.41%인데, 세수 증가폭이 가장 큰 자치단체는 전북으로 16.29%이며 다음으로 광주(14.31%), 전남(14.03%), 대전(13.45%), 경북(13.39%) 순이다. 다음으로 지방소비세(제Ⅲ안)와 지방소득세(제2안)가 동시에 시행될 경우, 절대액 기준으로 세수 증가폭이 가장 큰 곳은 서울로 7,326억 22백만원이며, 다음으로 경기(6,276억 71백만원), 경남(3,733억 24백만원), 부산(3,204억 7백만원), 경북(2,928억 3백만원), 충남(1,996억 98백만원) 순이다. 전체적인 지방세수 증가율은 9.41%인데, 세수 증가폭이 가장 큰 자치단체는 전북으로 17.93%이며 다음

[표 6-26] 지방소비세와 지방소득세 동시 개편의 세수증감 효과 Ⅲ

(단위: 백만원, %)

구 분	지 방 세	지방소비세 제Ⅲ안	증감률	지방소비세Ⅲ +지방소득세1	증감률	지방소비세Ⅲ +지방소득세2	증감률
서울	11,885,828	880,117	7.40	816,378	6.87	732,622	6.16
부산	2,580,854	307,637	11.92	315,756	12.23	320,407	12.41
대구	1,598,148	203,779	12.75	208,772	13.06	190,151	11.90
인천	2,207,214	163,523	7.41	171,223	7.76	161,408	7.31
광주	877,200	122,111	13.92	125,486	14.31	149,418	17.03
대전	1,022,282	135,044	13.21	137,479	13.45	160,576	15.71
울산	1,040,105	102,102	9.82	100,741	9.69	159,572	15.34
경기	11,465,307	766,706	6.69	769,882	6.71	627,671	5.47
강원	1,097,950	142,476	12.98	146,156	13.31	155,475	14.16
충북	1,077,314	137,939	12.80	143,098	13.28	163,766	15.20
충남	1,649,345	189,877	11.51	195,237	11.84	199,698	12.11
전북	1,015,355	160,935	15.85	165,432	16.29	182,003	17.93
전남	1,127,642	154,867	13.73	158,194	14.03	169,623	15.04
경북	1,867,493	244,883	13.11	250,137	13.39	292,803	15.68
경남	2,565,187	326,554	12.73	333,447	13.00	373,324	14.55
제주	447,094	55,639	12.44	56,771	12.70	55,672	12.45
합계	43,524,319	4,094,190	9.41	4,094,190	9.41	4,094,190	9.41

으로 광주(17.03%), 대전(15.71%), 경북(15.68%), 울산(15.34%) 순이다.

지방소비세와 지방소득세를 동시에 개편하였을 경우의 지방세수 증감효과를 수도권(서울, 인천, 경기)과 비수도권을 비교하여 살펴보기로 한다.

우선 지방소비세(제Ⅰ안)가 도입되고, 또 지방소득세가 개편되는 경우에 수도권과 비수도권의 지방세수 증감효과를 살펴보면 다음과 같다. 먼저 지방소비세(제Ⅰ안)가 도입되면 지방세수는 2조 470억 95백만원(4.70%)이 증가한다. 그런데 증가된 지방세수 중 수도권에는 6,722억 23백만원(32.84%)이 배분되고, 비수도권에는 1조 3,748억 72백만원(67.16%)이 배분된다. 상대적인 비교를 위해 지방세수 증가율을 살펴보면, 수도권은 2.63%이고 비수도권은 7.65%이다. 이와같이 상대적으로 비수도권의 증가폭이 크므로, 현재 수도권 : 비수도권이 58.72 : 41.28인 지방세수 비율은 도입 후 57.56 : 42.44로 비수도권이 1.16%p. 높아진다.

그러나 지방소득세 개편까지 고려하면 세수증가의 정도는 다소 달라진다. 즉 지방소비세(제Ⅰ안)와 지방소득세(제1안)가 동시에 시행될 경우, 증가된 지방세수 중 수도권에는 6,193억 60백만원(30.26%)이 배분되고, 비수도권에는 1조 4,277억 35백만원(69.74%)이 배분된다. 상대적인 비교를 위해 지방세수 증가율을 살펴보면, 수도권은 2.42%이고 비수도권은 7.95%이다. 또한 현재 수도권 : 비수도권이 58.72 : 41.28인 지방세수 비율은 개편 후 57.44 : 42.56로 비수도권이 1.28%p. 높아진다.

지방소비세(제Ⅰ안)와 지방소득세(제2안)가 동시에 개편될 경우, 증가된 지방세수 중 수도권에는 3,835억 78백만원(18.74%)이 배분되고, 비수도권에는 1조 6,635억 17백만원(81.26%)이 배분된다. 상대적인 비교를 위해 지방세수 증가율을 살펴보면, 수도권은 1.50%이고 비수도권은 9.26%이다. 또한 현재 수도권 : 비수도권이 58.72 : 41.28인 지방세수 비율은 개편 후 56.93 : 43.07로 비수도권이 1.79%p. 높아진다.

[표 6-27] 동시 개편의 세수증감 비교 Ⅰ (단위: 백만원, %)

구분	지방세	지방소비세Ⅰ안			지방소비세Ⅰ안 +지방소득세1안			지방소비세Ⅰ안 +지방소득세2안		
		증가액	증가율	개편후 지방세	증가액	증가율	개편후 지방세	증가액	증가율	개편후 지방세
수도권	25,558,349	672,223	2.63	26,230,572	619,360	2.42	26,177,710	383,578	1.50	25,941,927
	58.72	32.84		57.56	30.26		57.44	18.74		56.93
비수도권	17,965,969	1,374,872	7.65	19,340,842	1,427,735	7.95	19,393,704	1,663,517	9.26	19,629,486
	41.28	67.16		42.44	69.74		42.56	81.26		43.07
합계	43,524,319	2,047,095	4.70	45,571,414	2,047,095	4.70	45,571,414	2,047,095	4.70	45,571,414
	100.00	100.00		100.00	100.00		100.00	100.00		100.00

지방소비세(제Ⅱ안)가 도입되고, 또 지방소득세가 개편되는 경우에 수도권과 비수도권의 지방세수 증감효과를 살펴보면 다음과 같다. 먼저 지방소비세(제Ⅱ안)가 도입되면 지방세수는 4조 941억 90백만원(9.41%)이 증가한다. 그런데 증가된 지방세수 중 수도권에는 1조 3,444억 46백만원(32.84%)이 배분되고, 비수도권에는 2조 7,497억 44백만원(67.16%)이 배분된다. 상대적인 비교를 위해 지방세수 증가율을 살펴보면, 수도권은 5.26%이고 비수도권은 15.31%이다. 이와같이 상대적으로 비수도권의 증가폭이 크므로, 현재 수도권 : 비수도권이 58.72 : 41.28인 지방세수 비율은 도입 후 56.50 : 43.50로 비수도권이 2.22%p. 높아진다.

그러나 지방소득세 개편까지 고려하면 세수증가의 정도는 다소 달라진다. 즉 지방소비세(제Ⅱ안)와 지방소득세(제1안)가 동시에 개편될 경우, 증가된 지방세수 중 수도권에는 1조 2,915억 83백만원(31.55%)이 배분되고, 비수도권에는 2조 8,026억 7백만원(68.45%)이 배분된다. 상대적인 비교를 위해 지방세수 증가율을 살펴보면, 수도권은 5.05%이고, 비수도권은 15.60%이다. 또한 현재 수도권 : 비수도권이 58.72 : 41.28인 지방세수 비율은 개편 후 56.39 : 43.61로 비수도권이 2.33%p. 높아진다.

지방소비세(제Ⅱ안)와 지방소득세(제2안)가 동시에 개편될 경우, 증가된 지방세수 중 수도권에는 1조 558억 1백만원(25.79%)이 배분되고, 비수도권에는 3조 383억 89백만원(74.21%)이 배분된다. 상대적인 비교를 위해 지방세수 증가율을 살펴보면, 수도권은 4.13%이고 비수도권은 16.91%이다. 또한 현재 수도권 : 비수도권이 58.72 : 41.28인 지방세수 비율은 개편 후 55.89 : 44.11로 비수도권이 2.83%p. 높아진다.

[표 6-28] 동시 개편의 세수증감 비교 Ⅱ (단위: 백만원, %)

구분	지방세	지방소비세Ⅱ안			지방소비세Ⅱ안 +지방소득세1안			지방소비세Ⅱ안 +지방소득세2안		
		증가액	증가율	개편후 지방세	증가액	증가율	개편후 지방세	증가액	증가율	개편후 지방세
수도권	25,558,349	1,344,446	5.26	26,902,795	1,291,583	5.05	26,849,933	1,055,801	4.13	26,614,150
	58.72	32.84		56.50	31.55		56.39	25.79		55.89
비수도권	17,965,969	2,749,744	15.31	20,715,714	2,802,607	15.60	20,768,576	3,038,389	16.91	21,004,358
	41.28	67.16		43.50	68.45		43.61	74.21		44.11
합계	43,524,319	4,094,190	9.41	47,618,509	4,094,190	9.41	47,618,509	4,094,190	9.41	47,618,509
	100.00	100.00		100.00	100.00		100.00	100.00		100.00

지방소비세(제Ⅲ안)가 도입되고, 또 지방소득세가 개편되는 경우에 수도권과 비수도권의 지방세수 증감효과를 살펴보면 다음과 같다. 먼저 지방소비세(제Ⅲ안)가 도입되면 제Ⅱ안과 마찬가지로 지방세수는 4조 941억 90백만원(9.41%)이 증가한다. 그런데 증가된 지방세수 중 수도권에는 1조 8,103억 46백만원(44.22%)이 배분되고, 비수도권에는 2조 2,838억 44백만원(55.78%)이 배분된다. 상대적인 비교를 위해 지방세수 증가율을 살펴보면, 수도권은 7.08%이고 비수도권은 12.71%이다. 이와같이 상대적으로 비수도권의 증가폭이 크므로, 현재 수도권 : 비수도권이 58.72 : 41.28인 지방세수 비율은 도입 후 57.47 : 42.53로 비수도권이 1.25%p. 높아진다.

그리고 지방소비세(제Ⅲ안)와 지방소득세(제1안)가 동시에 개편될 경우, 증가된 지방세수 중 수도권에는 1조 7,574억 83백만원(42.93%)이 배분되고, 비수도권에는 2조 3,367억 7백만원(57.07%)이 배분된다. 상대적인 비교를 위해 지방세수 증가율을 살펴보면, 수도권은 6.88%이고 비수도권은 13.01%이다. 또한 현재 수도권 : 비수도권이 58.72 : 41.28인 지방세수 비율은 개편 후 57.36 : 42.64로 비수도권이 1.36%p. 높아진다.

지방소비세(제Ⅲ안)와 지방소득세(제2안)가 동시에 개편될 경우, 증가된 지방세수 중 수도권에는 1조 5,217억 1백만원(37.17%)이 배분되고, 비수도권에는 2조 5,724억 89백만원(62.83%)이 배분된다. 상대적인 비교를 위해 지방세수 증가율을 살펴보면, 수도권은 5.95%이고 비수도권은 14.32%이다. 또한 현재 수도권 : 비수도권이 58.72 : 41.28인 지방세수 비율은 개편 후 56.87 : 43.13로 비수

[표 6-29] 동시 개편의 세수증감 비교 Ⅲ (단위: 백만원, %)

구분	지방세	지방소비세Ⅲ안			지방소비세Ⅲ안 +지방소득세1안			지방소비세Ⅲ안 +지방소득세2안		
		증가액	증가율	개편후 지방세	증가액	증가율	개편후 지방세	증가액	증가율	개편후 지방세
수도권	25,558,349	1,810,346	7.08	27,368,695	1,757,483	6.88	27,315,833	1,521,701	5.95	27,080,050
	58.72	44.22		57.47	42.93		57.36	37.17		56.87
비수도권	17,965,969	2,283,844	12.71	20,249,814	2,336,707	13.01	20,302,676	2,572,489	14.32	20,538,458
	41.28	55.78		42.53	57.07		42.64	62.83		43.13
합계	43,524,319	4,094,190	9.41	47,618,509	4,094,190	9.41	47,618,509	4,094,190	9.41	47,618,509
	100.00	100.00		100.00	100.00		100.00	100.00		100.00

도권이 1.85%p. 높아진다.

전체적으로 지방소비세만 도입된 경우보다 지방소득세를 동시에 개편하는 경우가 비수도권에 더 많은 지방세수가 귀속되게 된다. 그리고 비수도권에 지방세수가 귀속되는 정도는 지방소득세의 개편범위가 큰 제2안이 채택될수록 더 크게 나타난다.

3. 지방세수 형평화효과

지방소득세제 개편으로 인한 자치단체별 지방세수 형평화효과를 변이계수를 이용하여 살펴보면 다음과 같다.

현행 지방세수의 변이계수는 1.2633이다. 그런데 지방소비세 제Ⅰ안의 경우 변이계수는 1.2320이고 지방소비세(제Ⅰ안)를 도입한 후, 지방소득세(제1안)까지 개편하여 시행하게 되면 변이계수는 1.2280으로 낮아진다. 그리고 제2안을 시행하게 되면 1.2134로 더욱 낮아진다. 지방소비세 제Ⅱ안의 경우 변이계수는 1.2034이고 지방소비세(제Ⅱ안)를 도입한 후, 지방소득세(제1안)까지 개편하여, 시행하게 되면 변이계수는 1.1997로 낮아진다. 그리고 제2안을 시행하게 되면 1.1856으로 더욱 낮아진다. 또한 지방소비세 제Ⅲ안의 경우 변이계수는 1.2295이고 지방소비세(제Ⅱ안)를 도입한 후, 지방소득세(제1안)까지 개편하여 시행하게 되면 변이계수는 1.2257로 낮아진다. 그리고 제2안을 시행하게 되면 1.2117로 더욱 낮아진다.

즉, 지방소득세의 비례세율화 개편은 상대적으로 지방소득세수가 풍부한 자치단체의 세수를 감소시키고, 상대적으로 지방소득세수가 빈약한 자치단체의 세수를 증대시킨다. 따라서 지방소비세만을 도입한 경우보다 지방소비세 도입과 지방소득세 개편을 동시에 시행하는 경우가 지방세수 불균형을 완화하는 효과가 크게 나타난다.

[표 6-30] 지방소득세 개편의 세수 형평화효과

구분	현행 지방세	지방소비세 Ⅰ			지방소비세 Ⅱ			지방소비세 Ⅲ		
		지방소비세1	지방소득세1	지방소득세2	지방소비세Ⅱ	지방소득세1	지방소득세2	지방소비세Ⅲ	지방소득세1	지방소득세2
변이계수	1.2633	1.2320	1.2280	1.2134	1.2034	1.1997	1.1856	1.2295	1.2257	1.2117

제7장

요약 및 정책건의

제1절 요 약

본 연구는 연구를 진행하는 과정 중에 지방소비세와 지방소득세의 도입이 확정되었으므로 이들의 변화를 포함하여 개편 방향을 제시하고 있다. 본 연구의 목적은 재원조달책임과 지출책임간의 괴리를 축소하고 과세자주권을 제고하는 데 있으므로 지방세입에서 차지하는 이전재원의 비중을 줄이고 지방세수의 비중을 높이는데 역점이 있다. 이를 위해서는 재산과세 위주로 구성되어 있는 지방세입구조를 세수신장성이 좋은 지방소비세와 지방소득세의 비중을 높이도록 하는 것이 가장 적절하다. 따라서 본 연구는 지방소비세와 지방소득세의 도입 필요성에 대한 논리를 최근 이론을 바탕으로 전개하였으며, 도입에 따른 지방재정 파급효과 분석 등에 역점을 두었다. 본 연구는 특히 1단계로 2012년까지의 세수변화가 예상되는 지방소비세에 대한 세수 및 재정효과분석과 2단계인 2013년 이후의 지방소비세와 지방소득세에 대한 향후 방향을 포함한 개편 방안을 제시하고 있다.

본 연구는 지방소비세와 지방소득세에 대한 기존 연구와의 차별화를 위해 노력하였다. 우선 지방소비세와 지방소득세는 2009. 9. 16 도입이 확정되기까지 오랜 기간 동안 정부와 학계를 중심으로 심도있는 논의가 있었는데, 그러한 추진배경을 살펴보는 것도 의미가 있다고 보아 본 연구는 대통령자문 위원회를 중심으로 추진배경을 정리하였다. 특히 추진배경과 과정은 분권의 중요성을 부각시킨 참여정부와 지방소비세와 지방소득세를 도입하기로 확정한 MB 정부로 구분하여 정리하였다. 다음으로 지방소비세와 지방소득세에 대한 이론적 논의는 지금까지 논의된 기존 논문을 총망라하는 차원에서 요약 및 정리하였을 뿐만 아니라 최근에 제시된 재정분권 관련 이론을 중심으로 논의를 전개하였다.

Oates(1972)는 "분권화 정리(decentralization theorem)"를 통해 재정분권 이론 정립에 큰 기여를 하였는데, 그는 최근 논문(Oates 2008)에 그 동안 그의 재정분권 이론을 재조명하는 차원에서 "제1세대 재정분권이론(first-generation theory of fiscal federalism)"과 "제2세대 재정분권이론(second-generation theory of fiscal federalism)"으로 구분하여 정리하고 있다. 이러한 세원배분의 새로운 접근방법인 "제2세대 재정분권이론"이 제시하는 주요 핵심은 지방정부의 재정책임성을 강화하여 연성예산제약이 발생하지 않도록 하는 것이다. 그러기 위해서는 지방정부의 재정지출은 이전재원보다는 자주재원에 의해 조달되도록 해야 함을 강조하고 있다.

재정지출이 자주재원에 의해 조달되려면 지방세입구조가 재산세 위주에서 소비과세 또는 소득과세 위주로 전화되도록 하여 세수가 확충되어야 가능하다. 그 동안 소비 또는 소득관련세는 주로 중앙정부에서 담당하는 국세이었지만 지방정부의 역할과 기능이 변화하면서 증대하는 수요에 부응하기 위한 지방세원으로 논의되고 있다. 지방정부의 고유세원인 재산세는 안정적이기는 하지만 신장성이 부족하기 때문에 선진국가를 중심으로 신장성이 좋은 소비세와 소득세를 지방세원화하는 경향이 강하다. 특히 우리나라는 2005년 종합부동산세의 도입, 재산세 과표의 시가기준 개편 등 부동산세제의 개편에 따라 재산과세의 세부담이 급격하게 증가하였다. 그럼에도 불구하고 재산세가 지방세 확충을 위해 기여할 수 있는 부분은 제한적이다. 지방의 재원조달책임과 지출책임간의 괴리는 신장성이 좋은 지방소비세 또는 지방소득세를 강화하지 않고는 축소시키기 어렵다. 따라서 본 연구는 지방소비세와 지방소득세에 대하여 집중적으로 논의하였다.

우리나라 지방재정의 가장 큰 문제점은 재원조달책임과 지출책임 간의 괴리로 인한 재정책임성 결여라고 할 수 있다. 지출책임측면에서 자치단체는 총 국가업무의 44.3%를 수행하지만, 이러한 업무를 수행하는 데 필요한 재원조달책임은 30.4%만 배분되어 있다고 할 수 있다. 또한 조세의 사용을 기준으로 할 때, 자치단체는 총 조세수입의 39.4%를 사용하지만 조세의 징수 기준으로 보면 자치단체가 징수하는 지방세는 총 조세수입의 21.9%에 불과하다(2007년 결산기준). 이러한 지방재정 상태를 살펴볼 때, 자치단체의 지출책임의 배분 수준은 높지만 재원조달책임의 배분 수준이 낮아 양자 간에 괴리가 심하다고 할 수 있다.

그리고 지방재정에서 지출책임과 재원조달책임간의 괴리뿐만 아니라 지방세제에는 재산과세 위주의 세수구조, 지방세수 분포의 불균형이라는 문제가 있다. 이러한 세가지 문제점은 지방자치 실시 이전부터 거론되던 것으로 지방자치가 실시된 지 십여 년이 지난 현재까지도 해결되지 않고 있다. 그 이유는 이러한 세가지 문제가 상호 연계가 깊어서 개별적으로 방안을 모색해서는 해결되지 않으며, 동시에 개선방안을 모색할 필요가 있다. 또한 이러한 문제의 해결에는 자치단체뿐만이 아니라 중앙정부의 지방자치 발전을 위한 긍정적인 의식과 적극적인 협력이 필요하다.

지방소비세와 지방소득세에 대한 해외 사례는 우선 OECD 국가를 중심으로 최근 동향을 살펴보았으며, 특히 일본, 캐나다, 스페인 등 지방소비세와 지방소득세에 대한 시사점을 얻을 수 있는 국가를 선정하여 벤치마킹하였다. 해외 사례의 시사점은 다음과 같이 요약할 수 있다.

첫째, 분권 강화는 OECD 국가의 최근 흐름이고, 지방재정의 자율성 제고 차원에서 총세입 중 지방세의 비중이 크게 증가하고 있다. 우리나라의 경우에는 자치단체의 세입 중 이전재원은 크게 증가하고 있는 반면 지방세의 비중은 상대적으로 감소하고 있는데 이에 대한 조정이 필요하다. 이번에 도입 확정된 지방소비·소득세는 향후 지방의 재원조달책임과 지출책임간의 괴리를 축소시킬 수 있는 장치가 되도록 설계되어야 한다.

둘째, OECD 국가들의 지방정부 세수구조가 재산과세 위주에서 소비·소득과세 위주로 바뀌고 있음을 알 수 있다. OECD 선진국가의 지방정부 세수구조를 1995년과 2006년을 비교한 결과, 지방세수에서 차지하는 소비과세와 소득과세의 비중이 증가하였다. 특히, 재정분권 개혁을 통해 분권을 강화하고 있는 스페인의 경우 지방세에서 점하는 재산과세의 비중은 대폭 감소한 반면 소비과세와 소득과세의 비중은 크게 증가하였다. 소득과세형 국가인 스웨덴은 2007년부터 세수 신장성이 낮은 재산세를 폐지하였다. 우리나라의 경우에는 지방세의 세수구조 변화가 별로 없으며, 재산과세가 아직도 지방세수의 주요한 부분을 점하고 있어 신장성이 낮다.

셋째, OECD 국가의 최근 동향 중 또 다른 특징은 국가와 지방이 세원을 공유하여 지방정부의 세수 확충뿐만 아니라 지역간 재정불균형 완화를 위해 노력하고 있다. 세원공유 대상 세목은 개인소득세, 법인세, 부가가치세 등인데, 이들 세원은 세수 신장성이 좋으며, 과표를 풀링(pooling)함으로써 과표의 이동성과 같은 지방세의 잠재적 약점을 보완할 수 있기 때문에 바람직한 세원으로 널리 활용되고 있다. 우리나라의 경우 국세인 소득세와 법인세는 지방세인 주민세 소득할을 통해 중앙과 지방이 세원을 공유하고 있다. 그러나 그 동안 부가가치세는 세원이 풍부하고 신장성이 좋은 세목임에도 국세로만 활용되고 있었다. 내년부터 부가가치세는 지방소비세를 통해 지방에서도 공유하게 되므로 향후 지방세수 확보에 큰 역할을 할 수 있을 것이다. 한때 소매판매세(retail sales tax)가 지방세로서 선호되었으나(Musgrave, 1983), 이제는 세계적 경향과는 거리가 있으며 최근에는 중앙정부의 VAT를 지방과 공유하는 형태로 바뀌고 있다.

우리나라도 이제는 지방소비세와 지방소득세가 도입되기로 2009년 9월 16일 확정되었다. 지금까지 논의되어 왔던 지방소비세와 지방소득세의 세수 규모와 기준에는 다소 미흡하지만 신설된다는 것은 매우 의미 있다.

지방재정이론, 지방재정현황, 외국사례들을 검토하고 이를 바탕으로 지방세제 개편의 방향과 대안들을 검토하였다. 지방분권촉진을 위하여 지방세 부문에서 필요한 것은 지방세수 기반확충과 과세자주권 제고이다. 2009년 9월 16일 정부는 지방세수 기반확충과 과세자주권 제고라는 목표를 달성하기 위해 관련 부처간에 합의를 도출하고 지방소비세와 지방소득세 도입을 결정하였다. 정부에서 결정한 지방소비세와 지방소득세는 그 성격에서 다소 차이가 있다. 따라서 지방소비세와 지방소득세는 분권촉진을 위한 목표인 세수기반확충과 과세자주권제고에서 서로의 역할을 분담시킬 필요가 있다. 즉, 지방소비세는 세수기반확충에 충실하도록 제도를 운용하고 지방소득세는 과세자주권제고에 충실하도록 제도를 설계하여 운용할 필요가 있다.

본 연구에서는 정부안을 바탕으로 분권촉진을 위한 지방세수 기반 확충과 과세자주권 제고라는 목표에 맞게 지방소비세와 지방소득세가 지향해야하는 기본 방향을 제시하였다.

첫째, 지방세수 기반 확충을 위하여 지방정부의 소비과세와 소득과세의 강화가 필요하다. 그런데 지방소비세는 국세인 부가가치세와 세원을 공유하므로 지방세수기반확충에 기여하였다고 할 수 있다. 다만, 지방소비세에 자치단체간 세수불균형 완화를 위한 재정조정기능을 부여하게 되어 과세자주권을 제고할 수 있는 여지가 거의 없다. 따라서 지방소비세는 지방세수기반 확충에 충실하도록 제도를 운용할 필요가 있다.

둘째, 과세자주권제고를 위하여 자치단체의 과세자주권을 보장할 수 있는 기간세목의 마련이 필요하다. 지방분권 촉진을 위해서는 자치단체의 세율결정권을 보장할 수 있으며, 세수확보에도 용이한 기간 세목을 마련할 필요가 있다. 그런데 지방소득세는 2013년부터 과표 및 세율구조의 변경을 통해 지방에 과세자주권을 제고할 수 있도록 개편할 예정이다. 따라서 지방소득세가 지방자치단체의 과세자주권을 제고할 수 있는 기간 세목으로 역할을 할 수 있도록 개편하는 방안을 모색할 필요가 있다.

본 연구는 정부가 발표한 지방소비세와 지방소득세 방안을 기초로 개편안을 제시하였다. 발표된 지방소비세는 부가가치세원의 일부를 지방에 이양하여 지방세의 안정성, 성장성을 제고시켰다고 평가할 수 있다. 또한 소비지원칙에 입각하여 최종소비지출을 배분지표로 사용함으로써 자치단체의 소비증가가 지방세수 증가로 연계될 수 있는 장치를 마련하였다고 할 수 있다. 또한 지방소비세의 재정보전금 재원에 포함, 지역상생발전기금의 설치 등은 지방소비세 도입으로 인한 시군의 지방교부세 감소, 수도권과 비수도권간 재원불균형 심화 등 부작용을 방지하는 적절한 조치로 평가된다. 그러나 불가피한 선택이었다고 하여도 소비지표에 가중치를 반영하여 재정조정기능을 부여한 것은 지방소비세의 지방세로서의 성격을 훼손시킨다고 볼 수 있다. 따라서 이에 대한 개선방안을 검토할 필요가 있다. 본 연구에서는 2013년부터 증대되는 지방소비세수(부가가치세의 10% 중 5%분)의 배분을 중심으로 두 가지 방안을 제시하였다. 첫째, 2013년부터 증대되는 지방세수도 현행 방식대로 배분하는 방안이다. 이 방안은 지방소비세 도입 당시에 의도하였던 자치단체간 세수 불균형 완화, 수도권・비수도권간 재원불균형 완화라는 목표에 충실하게 제도를 운용하는 방안이다. 둘째, 지방소비세가 지방소비과세로서의 성격에 부합되도록 재정조정기능을 완화하는 방안이다. 즉, 지방소비세 중 일부(부가가치세 5%분)는 이미 결정된 소비지표(최종소비지출에 자치단체별 가중치 부여하여 산정)에 의해 배분하더라도, 2013년부터 증가되는 지방소비세수(부가가치세 5% 분)의 배분에 대해서는 가중치를 배제하고 최종소비지출만을 기준으로 배분하도록 하는 방안이다.

지방소득세는 현행 주민세 소득할과 사업소세 종업원할을 통합하여 지방소득세를 도입하되, 3년간은 현행의 과세표준과 세율을 그대로 유지하도록 하고 있다. 따라서 지방소득세가 국세의 영향으로부터 독립되고 자치단체의 과세자주권이 발휘될 수 있도록 하려면, 과세표준을 변경하고 이에 상응하도록 세율구조도 변경하는 개편이 필요하다.

우선 단기적 방안은 과세표준은 현행 소득세액, 법인세액에서 소득세와 법인세의 과세표준인 개인소득, 법인소득으로 변경하되 세율구조는 현행 초과누진세율구조를 반영하여 개편하는 것이다. 이 경우 납세의무자의 조세부담, 지방세수는 변화가 없다. 그러나 이러한 개편 이후에 발생하는 중앙정부의 소득세・법인세의 감세정책의 영향으로부터 지방소득세수는 영향을 받지 않게 된다. 다만 이 방안은 중앙・지방간 세수 중립, 납세자의 조세 부담 불변 등으로 개편은 용이하지만, 초과누진세율구조를 유지하여 세율구조도 복잡하고 지방소득세에 소득재분배 기능이 부여되어 있어 자치단체의 과세자주권을 제고시키는 데는 한계가 있다.

장기적으로 지방소득세 소득세할 부분의 개편은 현행의 초과누진 세율구조를 비례세율구조로 개편하는 방안이다. 즉, 과세표준을 현행 소득세액에서 소득세의 과세표준인 개인 소득으로 변경하고 세율구조는 현행 초과누진세율구조에서 비례세율구조로 개편하는 것이다. 다만, 이러한 개편에도 중앙·지방간 세수중립과 납세자 부담 중립을 유지할 수 있도록 세율을 결정해야 한다. 지방소득세 장기적 개편안을 제시하면 다음과 같다.

첫째, 지방소득세 소득세할을 구성하는 각각의 소득에 대하여 비례세율구조로 개편하는 방안이다. 소득세는 소득종류별로 과세표준 산정방식, 세율구조 등이 다르게 되어 있다. 따라서 지방소득세의 과세대상이 되는 소득세할 부분의 모든 소득에 대하여 각각의 비례세율을 산정하여야 한다. 만약 소득종류별로 다른 비례세율구조로 개편한다고 할 때, 근로소득분에 적용할 수 있는 비례세율은 1.48%로 나타났다.

둘째, 지방소득세 소득세할의 과세대상을 근로소득분만으로 한정하고 개편전의 소득세할 세수를 유지할 수 있는 비례세율구조로 개편하는 것이다. 이 경우 지방소득세 소득세할의 비례세율은 3.97%가 될 것이다. 이 방안은 지방소득세의 과세대상을 근로소득만으로 한정시키므로 지방소득세의 세무행정을 간소화시키는 효과가 있다.

중앙·지방간 세수중립을 전제로 한 지방소득세 세율구조 개편방안 중 단기적 방안인 초과누진세율구조로의 개편은 납세의무자의 세수부담에 변화를 초래하지 않는다. 그러나 장기적 방안으로 제시한 비례세율구조로의 개편은 납세의무자의 소득세와 지방소득세를 합친 총 세수부담에는 변화가 없으나 그 부담의 내용은 달라진다. 즉, 납세의무자가 납부하는 소득세 근로소득분은 감소하고 지방소득세 근로소득분 또는 소득세할은 증가한다.

지방소비세의 도입시 지방재정 파급효과를 지역상생발전기금까지 고려한 실질적인 지방재원의 변화를 중심으로 살펴보면 다음과 같다.

제Ⅰ안의 경우 증가된 지방재원은 수도권에는 27.8%가 귀속되고 비수도권에는 72.2%가 귀속되어 실질적인 지방세입대비 지방재원증가율은 1.05%인데, 수도권은 0.79%, 비수도권은 1.20%인 것으로 나타난다. 제Ⅱ안의 경우 수도권에는 32.5%가 귀속되고 비수도권에는 67.5%가 귀속된다. 지방세입 대비 실질적인 지방재원증가율은 2.10%인데, 수도권은 1.85%, 비수도권은 2.25%인 것으로 나타난다. 현행 비수도권의 지방세입 비중이 63.1% 점을 고려하면, 지방소비세 도입으로 인한 실질적인 지방재원 증가의 혜택은 상대적으로 비수도권이 큰 것으로 나타난다. 그러나 제Ⅲ안의 경우 수도권에는 47.0%가 귀속되고 비수도권에는 53.0%가 귀속된다. 지방세입 대비 실질적인 지방재원증가율은 2.10%인데, 수도권은 2.68%, 비수도권은 1.77%인 것으로 나타난다. 따라서 제Ⅱ안 대신에 제Ⅲ안을 채택할 경우에는 지역상생발전기금의 규모를 확대할 필요가 있다.

지방소비세와 지방소득세를 동시에 개편하였을 경우의 지방세수 증감효과를 수도권(서울, 인천, 경기)과 비수도권을 비교하여 살펴보았다.

지방소비세(제 I 안)이 도입되면 비수권의 지방세수 비중은 1.16%p. 높아지고, 지방소득세(제 1 안)가 동시에 개편되면 1.28%p., 지방소득세(제 2 안)가 동시에 개편되면 1.79%p. 높아진다. 지방소비세(제 II 안)이 도입되면 비수권의 지방세수 비중은 2.22%p. 높아지고, 지방소득세(제 1 안)가 동시에 개편되면 2.33%p., 지방소득세(제 2 안)가 동시에 개편되면 2.83%p. 높아진다. 그리고 지방소비세(제 III 안)이 도입되면 비수권의 지방세수 비중은 1.25%p. 높아지고, 지방소득세(제 1 안)가 동시에 개편되면 1.36%p., 지방소득세(제 2 안)가 동시에 개편되면 1.85%p. 높아진다.

전체적으로 지방소비세만 도입된 경우보다 지방소득세를 동시에 개편하는 경우가 비수도권에 더 많은 지방세수가 귀속되게 된다. 그리고 비수도권에 지방세수가 귀속되는 정도는 지방소득세의 개편범위가 큰 제 2 안이 채택될수록 더 크게 나타난다.

제 2 절 정책건의

1. 지방소비세의 재정조정기능 완화

전반적으로 지방소비세는 일반소비세원(VAT)의 일부를 지방에 이양하여 지방세의 안정성, 성장성을 제고시켰다고 평가할 수 있다. 또한 소비지원칙에 입각하여 최종소비지출을 배분지표로 사용함으로써 자치단체의 소비증가가 지방세수 증가로 연계될 수 있는 장치가 마련되었다고 평가할 수 있다. 또한 지방소비세의 재정보전금 재원에 포함, 지역상생발전기금의 설치 등은 지방소비세 도입으로 인한 시군의 지방교부세 감소, 수도권과 비수도권간 재원불균형 심화 등을 방지하는 적절한 조치로 평가된다. 그러나 불가피한 선택이었다고 하여도 소비지표에 가중치를 반영하여 재정조정기능을 가미한 것은 지방소비세의 지방세로서의 성격을 훼손시킨다고 볼 수 있다. 따라서 이에 대한 개선방안을 검토할 필요가 있다.

본 연구에서는 2013년부터 증대되는 지방소비세수(부가가치세의 10% 중의 5% 해당분)의 배분을 중심으로 두 가지 방안을 제시하였다. 첫째, 2013년부터 증대되는 지방세수도 현행 방식대로 배분하는 방안이다(본 연구에서 제Ⅱ안). 이 방안은 지방소비세 도입 당시에 의도하였던 자치단체간 세수 불균형 완화, 수도권·비수도권 간 재원불균형 완화라는 목표에 충실하게 제도를 운용하는 방안이다. 둘째, 지방소비세가 지방소비과세로서의 성격에 부합되도록 재정조정기능을 완화하는 방안이다. 즉, 지방소비세 중 일부(부가가치세 5% 분)는 이미 결정된 소비지표(최종소비지출에 자치단체별 가중치 부여하여 산정)에 의해 배분하더라도, 2013년부터 증가되는 지방소비세수(부가가치세 5%분)의 배분에 대해서는 가중치를 배제하고 최종소비지출만을 기준으로 배분하도록 하는 방안(본 연구에서 제Ⅲ안)이다. 이와 같이 증가되는 지방소비세수를 배분함에 있어 가중치의 부여 여부에 따라 두 방안에 차이가 있다.

그런데 소비지표에 가중치를 반영하여 재정조정기능을 부여한 것은 지방소비세의 지방세로서의 성격을 훼손시킨다고 볼 수 있다. 따라서 2013년에 증대되는 지방소비세수의 배분은 지방소비세의 성격에 맞게 가중치를 부여하지 않고 배분하는 방안을 채택하는 것이 바람직하다. 가중치를 부여하지 않고 배분하는 방안(제Ⅱ안)과 가중치를 부여하여 배분하는 경우(제Ⅱ안)간 실질적 재원증감의 차이를 살펴보면, 제Ⅲ안은 제Ⅱ안보다 수도권에 3,600억원의 재원이 더 증가하는 것으로 나타난다. 따라서 지방소비세수의 1/2(부가가치세의 5%분)은 2010년 도입 당초에 결정한대로 가중치를 부여한 소비지표에 의해 배분하더라도, 추가적으로 증대되는 지방소비세수의 1/2은 가중치를 부여하지 않고 최종소비지출만을 소비지표로 배분하도록 한다. 그리고 지역상생발전기금의 규모를 확대하여 수도권의 실질적 재원 증가 규모를 축소시키는 방안이 바람직하다.

2. 지방소득세 과세 대상 변경

장기적으로 지방소득세 소득세할 부분의 개편은 현행의 초과누진 세율구조를 비례세율구조로 개편하는 방안이다. 즉, 과세표준을 현행 소득세액에서 소득세의 과세표준인 개인 소득으로 변경하고 세율구조는 현행 초과누진세율구조에서 비례세율구조로 개편하는 것이다. 다만, 이러한 개편에도 중앙·지방간 세수중립과 납세자 부담 중립을 유지할 수 있도록 세율을 결정해야 한다. 지방소득세의 장기적 개편안은 지방소득세 소득세할의 과세대상을 근로소득분만으로 한정하고 개편전의 소득세할 세수를 유지할 수 있는 단일세율구조로 개편하는 것이다. 이 방안은 지방소득세의 과세대상을 근로소득만으로 한정시키므로 지방소득세의 세무행정을 간소화시키는 효과가 있다.

3. 지방소비세와 지방소득세의 동시 개편

2013년부터 지방소비세는 세수규모가 현재의 2배로 확충되고, 지방소득세는 과세자주권 제고를 위해서 과세표준과 세율구조를 개편할 예정이다. 지방소비세에 지역별 가중치 부여, 지역상생발전기금 설치 등 재정조정기능을 부여한 것은 도입으로 인한 수도권으로의 지방세수 편중을 우려했기 때문이다. 그런데 지방소득세의 세율구조 개편은 수도권의 세수를 감소시키고 비수도권의 세수를 증가시키는 것으로 나타났다. 따라서 동시 개편은 수도권의 지방세수 편중을 완화시키므로 지방소비세의 배분시 조정기능을 완화하는 데 도움이 될 수 있다. 전체적으로 지방소비세만 도입한 경우보다 지방소득세를 동시에 개편하는 경우에 비수도권에 더 많은 지방세수가 귀속되게 된다. 그리고 비수도권에 지방세수가 귀속되는 정도는 지방소득세의 개편범위가 큰 제2안이 채택될수록 더 크게 나타난다. 지방소비세(제Ⅲ안)을 채택하여 개편하는 경우, 수도권의 세수 증가규모는 i) 지방소득세 개편이 없는 경우 1조 8,103억원, ii) 지방소득세(제Ⅰ안)를 동시 개편하는 경우 1조 7,575억원, iii) 지방소득세(제Ⅱ안)를 동시에 개편하는 경우 1조 5,217억원으로 개편 폭이 클수록 수도권에 귀속되는 세수가 감소한다. 즉, 지방소비세(제Ⅲ안)에 지방소득세(제Ⅱ안)를 동시에 개편하는 경우에 지방소비세(제Ⅲ안)만을 시행하는 경우보다 수도권의 세수증대 규모가 2,886억원 정도 적다. 따라서 지방소비세의 세수규모가 확충되는 2013년에 지방소비세뿐만 아니라 지방소득세도 동시에 개편하는 방안을 추진할 필요가 있다. 동시 개편의 경우에는 수도권의 지역상생발전기금에의 출연 규모도 현행 3,000억원에서 크게 확대할 필요가 없을 것이다.

참고문헌

국중호, 「주요국의 조세제도-일본편」, 한국조세연구원, 2004.

국중호 · 한상국, 「일본의 법인과세개혁과 정책시사점」, 한국조세연구원, 2002.

권오성, 「재정분권화의 영향에 관한 국제비교 연구」, 한국행정연구원, 2007.

김대영, 「지방소비세 도입방안」, 한국지방행정연구원, 연구보고서 2003.

김대영, "캐나다 지방소비세제의 현황과 시사점," 한국지방재정학회 세미나 논문집, 2009.

김대영 · 유태현, "지방소비세 도입방안에 관한 연구," 「재정정책논집」, 제 9 권 제 2 호, 2007.

김정훈 · 김현아, 「참여정부 재정분권 평가와 정책과제」, 한국조세연구원, 2008.

김현아, 「지방소비세 · 지방소득세제 도입여부에 관한 연구」, 한국조세연구원, 2003.

김현아, "국제비교를 이용한 참여정부 재정분권 수준의 평가," 「재정포럼」, 2009년 1월호.

박기백 · 김현아, 「지방자치단체의 세입 및 재정지출에 관한 연구 : 지방정부 재정운용에 관한 실증분석」, 한국조세연구원, 2005.

유태현 · 한재명, "지방소비세의 합리적 도입방안에 관한 연구," 「한국지방재정논집」, 제12권 제 3 호, 2007.

안종석, 「재정의 지방분권화 : 남미 국가들 및 미국 캘리포니아 주의 사례와 시사점」, 한국조세연구원, 2002.

이영 · 현진권, "한국의 재정분권 수준은 과연 낮은가?" 「공공경제」, 제11권 제1호, 2006.

이영희 · 김대영, 「광역과 기초자치단체간 세원배분방안」, 한국지방행정연구원, 2006.

이재은, "지방소득세의 이론적 배경, 도입방향, 추진과제," 「2008년도 춘계 지방세 세미나」,한국지방재정학회 발표논문, 2008.

이재은 외, 「소득할 주민세의 독립세 전환에 대한 연구」, 한국지방재정학회, 2009.

주만수, 「지방정부 자체재원 확대의 실질적 재정효과」, 한국재정학회 추계정기학술대회 발표논문집, 2008.

주만수, "지방정부의 과세자주권 및 지방세제의 가격기능 강화," 「재정학연구」, 제1권 제4호, 2009.

최병호, "지방재정 관련 주요 이슈 분석과 제도개편에 관한 함의," 지방자치제도 발전을 위한 바람직한 지방재정 모델 토론회 발표논문, 2008. 12.

최병호 외, 「사회경제적 환경변화에 대응하는 지방재정조정제도 개편 방안」, 행정자치부 · 한국지방행정공제회, 2007. 12.

최병호 · 정종필, "재정분권과 지방재정의 과제 : 지방세 중심의 구조와 지방정부의 적정규모," 2007 지방재정세미나 발표논문, 2007. 6.

행정안전부, 「지역경제활성화를 위한 중 · 장기 정책아젠다 및 실행전략」, 2008. 6.

행정자치부, 「지방세정연감」, 각 년도.

행정자치부, 「지방소비세제 실무연수 보고서」, 실무연수단, 2001.

행정자치부, 「지방재정연감」, 2007.

川匕尙貴 編著, 「圖說日本の稅制」, 東洋經濟新報社, 2008.

神野直彦 · 金子勝, 「地方に稅源を」, 東洋經濟, 2001.

持田信樹,「地方分權の財政學」, 東京大學出版會, 2004.

持田信樹,「地方消費稅の理論と課題」, CIRJE-J-184, http://www.e,u.-tokyo.ac.jp/cirje/research/03research02dp_j.html, 2007. 8.

Arnaud Martin, “Le principe de solidarité dans l'Etat autonomique espagnol,” in Lavroff Dmitri Georges(dir.), *La République décentralisée*, Paris, L'Harmattan, 2003.

Bahl, Roy W., “Fiscal Decentralization as Development Policy,” *Public Budgeting & Finance*, 19(2), 1999.

Bahl, Roy and Richard Bird, “Subnational Taxes in Developing Countries : The Way Forward,” *Public Budgeting & Finance*, 28(4), 2008.

Bahl, Roy and Richard Bird, Tax Policy in Developing Countries : Looking Back and Forward, *National Tax Journal*, 61(2), 2008.

Bas Denters, Lawrence E. Rose(eds.), *Comparing Local Governance : Trends and Developments*, London, Palgrave Macmillan, 2005.

Bennett Robert (Ed.), *Territory and Administration in Europe*, London and N.Y., Pinter Publishers, 1989.

Bergvall, D. et al., “Intergovernmental Transfers and Decentralized Spending,” OECD, 2006.

Bird, R. M., “Rethinking Subnational Taxes : A New Look at Tax Assignment,” IMF Working Paper, Dec. 1999.

Bird, R., and P. Gendron, “CVAT, VIVAT, and Dual VAT : Vertical ‘Sharing’ and Interstate Trade,” *International Tax and Public Finance*, Vol. 7, No. 6, 2000.

Bird, R. M. and Gendron, Pierre-Pascal, “VATs in Federal States : International Experience and Emerging Possibilities,” International Studies Program Working Paper, Andrew Young

School of Policy Studies, Georgia State University, March 2001.

Bird, R., J. Mintz and T. Wilson, "Coordinating Federal and Provincial Sales Taxes : Lessons from the Canadian Experience," *National Tax Journal*, Vol. 59, No. 4, 2006.

Bird, R. M., "Tax Assignment Revisited," International Studies Program Working Paper 07-09, Andrew Young School of Policy Studies, Georgia State University, August 2008.

Blöchliger, H. and D. King, "Less Than You Thought : The Fiscal Autonomy Of Sub-Central Governments," *OECD Economic Studies*, No. 43, 2006.

Breuss, Fritz and Markus Eller, "Fiscal Decentralisation and Economic Growth : Is There Really a Link?" *Decentralising the Public Sector*, CESifo DICE Report 2004. Jan.

Davoodi, Hamid, and Heng-fu Zou, "Fiscal Decentralization and Economic Growth : A Cross-Country Study," *Journal of Urban Economics*, Vol. 43, 1998.

deMello, L. R., "Fiscal Decentralization and Intergovernmental Fiscal Relations : A Cross-Country Analysis," *World Development*, Vol. 28, no. 2, 2000.

Duncan, Harley, "Interstate Tax Competition : The Good, the Bad, and the Ugly," *State Tax Notes* (August 24, 1992), 1992.

Ebel, Robert D. and Serdar Yilmaz, "On The Measurement and Impact of Fiscal Decentralization," in : James Alm and Jorge Martinez-Vazquez(Eds.), *Public Finance in Developing and Transition Countries : Essays in Honor of Richard M. Bird,* Edward Elgar Press, Cheltenham, 2003.

Etude CNFPT - EUROPA, *Les fonctions publiques locales en Europe*, 2004.

EU, *Strengthening regional and local democracy in the European Union*, Vol. 2, 2004.

Keen, M. and S., Smith, "The Future of Value Added Tax in European Union," *Economic Policy* 23, 1996.

Keen, M. and S., Smith, "Viva VIVAT," *International Tax and Public Finance*, 7, 2000.

King, D., "Allocation of Taxing Powers," *OECD Journal of Budgeting*, Vol. 6, No. 3, 2006.

Joumard, I., "Getting The Most Out of Public Decentralization in Mexico," OECD Working Papers, No. 453, 2005.

Jones, R. S. and T. Yokoyama, "Getting the Most out of Public Sector Decentralization in Korea," Economics Dept. Working paper No. 468, 2005, OECD.

Lavroff Dmitri Georges(dir.), *La République décentralisée*, Paris, L'Harmattan, 2003.

Lin, J. Y. and Z. Liu, "Fiscal Decentralization and Economic Growth in China," *Economic Development and Cultural Change*, 49(1), 2000.

L'organisation administrative & la fonction publique des Etats membres de l'UE : L'Espagne, Par Jose Manuel Ruano de la Fuente, 2001.

Lynch, Robert, *Do State and Local Tax Incentives Work?*, Washington, D.C. : Economic Policy Institute, 1995.

Martinez-Vazquez, J. and R. M. McNab, "Fical Decentralization and Economic Growth," Working Paper no. 01-01, International Studies Program, Andrew Young School of Public Studies, Georgia State University, 2001.

Martinez-Vazquez Jorge & Sanz-Sanz José Félix, *Fiscal Reform in*

Spain, Edward Elgar Publishing Limited, 2007.

Martinez-Vazguez, "Revenue Assignment in the Practice of Fiscal Decentralization," International Studies Program Working Paper, Andrew Young School of Policy Studies, Georgia State University, May 2007.

McLure, Charles E., "Electronic Commerce and the Tax Assignment Problem : Preserving State Sovereignty in a Digital World," *State Tax Notes* (April 13, 1998).

________, "Implementing Sub-national VATs on Internal Trade : The Compensating VAT (CVAT)?" *International Tax and Public Finance*, Vol. 7, No. 7, 2000.

________, "Tax Assignment and Subnational Fiscal Autonomy," *Bulletin of International Bureau of Fiscal Documentation*, Vol. 54, No. 12, December 2000.

________, "The Tax Assignment Problem : Ruminations on How Theory and Practice Depend on History," *National Tax Journal,* Vol. 54, 2001.

Musgrave, R. A., *Who Should Tax, Where and What?* in C. McLure, ed., Tax Assignment in Federal Countries, Center for Research on Federal Financial Relations, Australian National University, 1983.

Oates, Wallace E., *Fiscal Federalism*, New York : Harcourt Brace Jovanovich, 1972.

________, "Lump-Sum Intergovernmental Grants Have Price Effects," in P. Miezkowski and W. H. Okland, eds, *Fiscal Federalism and Grants-in-Aid*, The Urban Institute, Washington, D. C., 1979.

________, "Comment on 'Conflicts and Dilemmas of Decentralization' by Rudolf Hommes," in M. Bruno and B. Pleskovic, eds.,

Annual World Bank Conference on Development Economics, 1995.

________, "Taxation in a Federal System : The Tax-Assignment Problem," *Public Economics Review*(Taiwan), Vol. 1, 1996.

________, "Federalism and Government Finance," in *The Economics of Fiscal Federalism and Local Finance*, eds. by Wallace E. Oates, Cheltenham, U.K. : An Elgar Reference Collection, 1998.

________, "On the Evolution of Fiscal Federalism : Theory and Institutions," *National Tax Journal*, Vol. 61, No. 2, 2008.

OECD, *Regions at a Glance*, 2007.

________, *Revenue Statistics*, 2008.

________a, "Progress Report on Statistics : Tax Autonomy, Intergovernmental Grants and the Dividing Line between Tax Sharing and Grants," Economics Department, December 2008.

Shah, Anwar, "Balance, Accountability and Responsiveness : Lessons about Decentralization," *Working Paper*, Washington, D.C. : The World Bank, 1998.

STEYTLER ICO (Ed. By), *The Place and Role of Local Government in Federal Systems*, Konrad-Adenauer-Stiftung(KAS), Johannesburg, November, 2005.

Tanze, Vito, "Fiscal Federalism and Decentralization : A Review of Some Efficiency and Macroeconomic Aspects," World Bank Research Observer, Annual Conference Supplement, 1995.

Ter-Minassian, T., "Intergovernmental Fiscal Relations in a Macroeconomic Perspective," in *Federal Federalism in Theory and Practice*, ed. by T. Ter-Minassian, IMF, 1997.

Tiebout, Charles, "A Pure Theory of Local Expenditure," *Journal of Political Economy*, Vol. 64, 1956.

Yilmaz, S., “The Impact of Fiscal Decentralization Macroeconomic Performance,” National Tax Association, Proceedings of the 92nd Annual Conference on Taxation, US Atlanta, October, 24-26, 1999.

공저자 약력

이영희

한국지방행정연구원 선임연구위원
정책분석학 박사(Carnegie Mellon Univ.)
대통령자문 사회통합위원회전문위원(현)
기획재정부 세제발전심의위원(현)
대통령자문 국민경제자문위원(역)
한국경제선진화를 위한 세제개혁(공저)
경제의 최전선을 가다(공저)

김대영

한국지방행정연구원 연구위원
경제학 박사(고려대학교)
한국재정정책학회 회장(역)
한국지방재정학회 감사(현)
지방소비세의 세율결정권에 관한 연구(논문)
지방소비세 도입에 관한 연구(논문)
과세자주권 확충에 관한 소고(논문)

한국지방행정연구원총서
재정분권과 지방소비·소득세

2009年 12月 20日 初版印刷
2009年 12月 31日 初版發行

共著者 이영희·김대영
發行人 安 鍾 萬
發行處 (株) 博 英 社
서울特別市 鍾路區 平洞 13-31番地
電話 (733)6771 FAX (736)4818
登錄 1959. 3. 11. 제300-1959-1호(倫)

저자와 협의하에 인지첩부를 생략함

www.pakyoungsa.co.kr e-mail: pys@pakyoungsa.co.kr

定 價 18,000원 ISBN 978-89-6454-012-1